南懷瑾大師的智慧之源

張笑恒 著

南懷瑾大師的智慧之源

目錄

第三課 與人為善，善莫大焉

南懷瑾大師的智慧之源

目錄

第四課　得意失意皆從容

第五課　追名逐利，要在恰到好處時知止

第六課 淡如水的友誼更長久

第七課 沒有分享的人生是一種懲罰

南懷瑾大師的智慧之源

目錄

第十課　心存孝義自感天

第十一課　靠自己的人最堅強

目錄

前言

巍巍中華屹立於世界民族之林幾千年而不倒，在這幾千年的時間裡，積澱和形成了一整套以「經、史、子、集」爲主的屬於中華民族的文化，這就是國學。正是國學的不斷傳承與發展，才使得中華民族始終綿延無盡，歷經千年歲月。國學深邃而博大，蘊含了往哲先賢的人生智慧。在國學經典中有太多的人生哲學和經世哲學，細細品味其中的含義，會對我們的人生產生深遠的影響。

社會發展到今天，紛繁而雜亂，越來越多的人感到力不從心，人們亟需一種思想來填充自己的空白，給予自己精神上的支持，瞭解爲人處世之道，使自己能夠重新樹立信心，煥發活力，在社會中找到自己合適的位置。國學中所蘊藏的精神食糧正是人們所需要的，因此越來越多的人開始學習國學。然而在國學之風愈刮愈烈的時候，很多人發現了一個問題，那就是面對晦澀難懂的國學經典著作，大多數的人難以體會到其中的微言大義。

國學經歷了幾千年的傳承，畢竟年代久遠，以現代人的思維習慣和理解方式來研習那些經典著作，總是會有很大的困難。幸好有一批學者憑藉著自己的智慧對那些經典著作進行解讀。這些國學大師用自己的語言、以現代人的口吻將國學經典中蘊藏的智慧娓娓道來，給我們這些沒有時間和沒有能力研究國學的人提供了方便。

南懷瑾就是這批國學大師中的一位。

一九一八年，南懷瑾出生於浙江樂清一戶書香人家，少時接受私塾教育，閱諸子百家。後潛心學問，在儒學、道學、佛學方面頗有建樹。

一九四五年，在峨眉山大坪寺閉關三年。此寺地處懸崖陡峭的孤峰之上，只有猴子坡、蛇倒退兩條崎嶇的山路可通，人跡罕至。寺內藏有各種版本的《大藏經》，南懷瑾身穿僧衣，於青燈古佛旁日夜苦讀經、律、論三藏十二部五、六千卷佛家經典，以經爲法，印證個人修持所得。其間，師父袁煥仙特地上山看望這位潛心修行的首座弟子。

隨後，出身《紐約時報》名記者的美國禪宗鉅子卡普勒，其弟子遍及五大洲，爲尋禪宗之根，率弟子參訪南懷瑾。兩夜長談，卡普勒心悅誠服，臨行時緊緊擁抱南懷瑾，激動地說「我不能不再來」。回國後，卡普勒極口稱讚南懷瑾是一位現代難得的開悟者，一位了不起的當代禪宗大師。

一九八五年，南懷瑾離台赴美僑居，並成立維吉尼亞「東西學院」。

一九八八年移居香港，住在半山寓所，每日講學不輟，當地慕名而來虔心求教的人絡繹不絕。

二〇一二年九月，南懷瑾於蘇州太湖大學堂與世長辭，享年九十五歲。

南懷瑾一生致力於弘揚中國傳統文化，著作數十種，被譯成英、法、荷蘭、西班牙、葡萄牙、義大利、韓國、羅馬尼亞等多種語言傳播。

傳統文化方面，其著述《論語別裁》、《孟子旁通》、《原本大學微言》、《易經雜說》，結合時代背影，給予其新解。

佛學方面，著述如《金剛經說什麼》、《圓覺經略說》、《如何修證佛法》、《藥師經的濟世觀》等。

道學方面，著述如《老子他說》、《莊子諵嘩》、《道家、密宗與東方神秘學》、《靜坐修道與長生不老》、《中國道教發展史略述》、《易經雜說》、《出生時間與命運》等。

南懷瑾的著述是學習中國傳統文化的捷徑，對無法直接瞭解典籍的人作了一個重要引導，南懷瑾的言談生動有趣、博大精深，可說是中國傳統文化的忠實代言人，對中國傳統文化復興與普及的作用功不可沒。人們尊稱他為「教授」、「大居士」、「宗教家」、「哲學家」、「禪宗大師」和「國學大師」，一度名列「臺灣十大最有影響的人物」。

南懷瑾大師一生致力於研究和宣揚國學思想，對儒、釋、道三家的經典著作都進行了解讀，著述了多部品評經典的作品。以平實的語言，深入淺出地將深奧晦澀的國學經典化爲人生的智慧，展現在眾人的面前，可謂字字珠璣。南懷瑾立足於時代精神，將國學文化推向了一個新的更加璀璨奪目的文化層面。

本書立足於南懷瑾大師對國學經典的講解，從客觀實際需要出發，抽取南懷瑾大師著作中的人生智慧進行詳細地論證。南懷瑾大師對傳統文化的解讀就像一顆顆耀眼的珍珠，閃爍著璀璨的光芒，我們則擷取其中關乎人生與生命的智慧的部分，以一條主線進行串聯編著了本書。本書不受一家思想所限制，集粹了儒、釋、道三家的智慧，從多個角度詳論人生哲理，相信讀者讀後必然會對人生產生新的思考。

國學文化浩如煙海，文化積澱之厚重，非我們常人所能承載。然而面對散發著智慧光芒的國學文化，我們也不能望洋興嘆。本書旨在以最通俗的語言，將國學文化中的冰山一角展現給大家。相信讀者在本書的指引下，可以體悟更多人生的哲理，能更好地走好自己的人生道路。

第一課

器量決定成就

1 宰相肚裡能撐船

南懷瑾說：「水要深厚，像大海一樣，才可以容下大魚、大船在裡頭走。如果沒有深海一樣的容量，那個小坑坑裝一杯水，浮一個小芥子，那是小孩子眼裡的偉大，如果把那個杯子再放上去，就走不動了。一切都是容量大小的問題。」

他進一步解釋道：「每個人的氣度、知識、範圍、胸襟，都不同。你要成大功、立大業，就要培養自己的氣度，像大海那樣大。」

宋武帝是南方一個新興的優勝派系的首領，興起於北方諸國衰微不振之時。倘使他度量大，能用人，群策群力以向北方，恢復中原，決非難事。

然而宋武帝成為首領後，把和他並肩而起的人，一個個謀害或排擠掉；所信任的，只是自己手下名位較低的戰將。雖然這些受重用的人亦有相當的能力，可是資格聲望都不免差一些，不足以獨當一面。

他所倚為心腹的，是個策士叫劉穆之。自己出去用兵時，後方的事情都是付託給他。滅後秦之後，他本亦有意在北方留駐幾年，經營這一帶地方，不幸，這時候劉穆之忽然死了。

宋武帝對於後方的事情放心不下，只得撤兵而回。那麼，新定的關中如何呢？他對於資格聲望和自己差不多的人，是向來不肯重用的。所用的，都是些自己手下的人，不足以互相統攝。只得留了一個小兒子和一班戰將留守其地。

這如何守得住呢？於是性情剽悍的赫連勃勃乘機南下。留守諸將心力不齊，內部哄爭，不暇禦外，長安再次失陷。宋武帝登城北望，流涕而已，終於無力再舉。恢復之圖自此成為畫餅。這是何等的可憐？

古人說「難容人之強，擅納人之弱」，意思就是，普通人大多難以容忍別人比自己強，卻樂於接納弱小之人。有人在事業上取得較高成就時，周圍的人好像變了個人似的，有的對他敬而遠之，有的對他譏笑挖苦；嘲笑謾罵者有之，說風涼話者有之。不久突聞事業受阻，又紛紛如慈眉善目之敦友，安慰他，鼓勵他，同情他。

容不得強人，何談強人助自己。唐代陸贄說：「錄長補短，則天下無不用之人；責短捨長，則天下無不棄之士」。著眼於不足，專挑毛病，百般刁難，則周圍無朋友，事業無助手。四平八穩多是庸才，錯誤不斷的可能是人才。

人的肚量越大，看問題往往可以從大處著眼，「站得高，看得遠」，說的就是處理各種複雜關係和問題，要從長遠的觀點和發展的觀點出發，要用望遠鏡和顯微鏡觀察事物的運動規律，而不是鼠目寸光，一葉障目，不見泰山。

2 不念舊惡

《論語》曰：「伯夷、叔齊，不念舊惡，怨是用希。」意思是說：伯夷、叔齊兩個人不記人家過去的仇恨，因此，別人對他們的怨恨因此也就少了。」南懷瑾同樣認爲不念舊惡是非常有好處的，能夠不懷恨別人，寬恕了別人，所以和別人之間的仇怨就沒有了，而壞人漸漸也會被他們所感化。

上官婉兒是上官儀的孫女。上官儀參與廢后行動被武則天知道後，與其子皆被處斬，上官婉兒和母親則被充入宮中為婢。

上官婉兒一心報仇，十四歲那年，她參與太子李賢與大臣裴炎、駱賓王等策劃的倒武政變。失敗後，太子被廢，裴炎被斬，駱賓王死裡逃生，但上官婉兒則為武則天所赦。

上官婉兒才華橫溢，為武則天所欣賞。然而她卻參與政變，要謀殺自己。

當時司法大臣提出按律「應處以絞刑」。若念其年幼，也可施以流刑，即發配嶺南充軍。

但是武則天認為上官婉兒天資聰穎，著力培養，將來一定會成為非常出色的人才。於是，武則天決定對上官婉兒處以黥刑，即在她的額上刺一朵梅花，把朱砂塗進去，把她留在身邊。

此後，武則天一直對婉兒悉心指導，從多方面去感化她、培養她、重用她。婉兒從武則天的言行舉止中，瞭解了她的治國之才、博大胸懷和用人藝術，對她徹底消除了積怨和誤解，代之以敬佩、尊重和愛戴，並以其聰明才智替她分憂解難，為她盡心盡力，成為武則天最得力的心腹人物。

《寬容之心》裡有這樣一句話：「一隻腳踩扁了紫羅蘭，它卻把香味留在腳跟上，這就是寬恕。」我們要去容忍別人的齟齬、排擠、誣陷。因爲不好聽的話、不利的事才能正可以給我們發熱的頭腦潑潑冷水。穿多了小鞋，才能讓我們在舞臺上跳出曼妙的「芭蕾舞」。

西漢末年，劉秀大敗王郎，攻入邯鄲，檢點前朝公文時，發現大量奉承王郎，侮罵劉秀甚至謀劃誅殺劉秀的信件，可劉秀對此視而不見，全部付之一炬。他不計前嫌，打消了群臣的二心，化敵爲友，終成帝業。

鮑叔牙不計較管仲的自私，理解管仲的貪生怕死，還向齊桓公推薦管仲做自己的上司，齊國在管仲的治理下強大起來，而鮑叔牙在死後，管仲一直蔭庇他的子孫後代，其後十餘世都享受封邑，時常有高官賢臣出自其中。可見，仇恨並不能平息仇恨，鬥爭不能消滅鬥爭，最後永遠不可能產生真正意義上的勝利者，只會倍增世代的仇恨。唯有相忘夙怨，不咎既往，才能掙脫俗氣的冤冤相報。

有位師父把一生武藝傳給徒弟後，已燈燭殘年。面對即將行走江湖的徒弟們，講了一個故事。

古時有一位大英雄叫天神，一天他走在坎坷不平的山路上，發現腳邊有袋子似的東西很礙腳，天神踩了那東西一腳，誰知那東西不但沒被踩破，反而膨脹起來，於是他惱羞成怒，操起一根碗口粗的木棒砸它，那東西竟然漲大到把路堵死了。

正在這時，山中走出一位聖人，對天神說：「朋友，快別動它，忘了它吧，離開它，遠去吧！它叫仇恨袋，你不犯它，它便小如當初，你侵犯它，它就會膨脹起來，擋住你的路，與你敵對到底！」

師父語重心長地說：「你們即將行走江湖，難免與別人產生磨擦誤會，甚至仇恨，但別忘了在自己的仇恨袋裝滿寬容，那樣你們就會少一份障礙，多一份成功的機會，否則，你們將永遠被擋在通往成功的道路上，直到被打倒。」

俗話說：「退後一步天地寬。」過去有人對不起自己，但畢竟已經是過去的事了。過去了的就讓它過去吧！

瀟灑一點，不懷恨別人，和別人之間的仇怨也就因此而沒有了。忘記仇恨，才能心理平衡、解放自己。你寬恕了，你的怨恨、責怪、憤怒就沒有了。

寬恕是消除怨恨、責怪、憤怒的良藥。「念念不忘」別人的「壞處」實際上最受其害的就是自己的心靈，搞得自己痛苦不堪，何必呢？這種人，輕則自我折磨，重則就可能導致瘋狂的報復，瘋狂的結果是自我毀滅。所以說生氣是用別人的錯誤來懲罰自己，寬恕是心靈的解脫。

忘記仇恨，才能提高自己，開闊自己。人與人之間，在許多情況下，人們誤以爲「仇人」的，未必就真的是什麼「仇人」。退一步說，即使是「仇人」，對方心存歉意，誠惶誠恐，你不念舊惡，以禮相待，進而對他格外地表示親近，也會使爲「仇」者感念其誠，改「仇」爲善。把「仇人」看做朋友，堅持感情的輸入，堅持禮讓。如果你這樣做了，說明你正在一點點地提高自己，開闊自己。

世上的恩恩怨怨、是是非非本來就說不清楚，如果人人都秉持「有仇不報非君子」的態度，那麼恐怕整個世界都是硝煙味了。只有放下仇恨，才能得到平安喜樂。

3 心淨則佛土淨

南懷瑾說：「領導人對部下，或者丈夫對太太，都容易犯一個毛病。尤其是當領導人的，對張三非常喜愛欣賞，一步一步提拔上來，對他非常好，等到有一天恨他的時候，想辦法硬要把他殺掉。男女之間也有這種情形，在愛他的時候，他罵你都覺得對，還說打是情罵是愛，感到非常舒服。當不愛的時候，他對你好，你反而覺得厭惡，恨不得他死了才好。」「愛屋及烏」的反面就是「憎烏及鵲」，反覆無常地對待別人終將爲其付出代價。

明神宗朱翊鈞十歲即位，次年改元萬曆。因為年幼，對權力沒有什麼概念，加上在太后李氏的嚴厲教導之下，也沒有太多的自由，整個朝政基本上都把持在首輔張居正的手中。張居正由此得以推行「萬曆新政」。

幼年時期的神宗對張居正是非常尊敬的，有一次張居正腹痛，神宗還親自做了一碗辣麵給他。這樣和諧的君臣關係一直維持了十年。

隨著神宗的長大，他逐漸對權力有了渴望，然而在張居正的壓制之下，神宗根本就沒有掌權的機會。和張居正站在同一戰線的太后李氏甚至對神宗說過，三十歲之前不能掌理朝政。長期受到壓抑的神宗開始對權臣張居正產生了怨恨，但是在外部因素的制約下，萬曆皇帝只能是隱忍不發，怨恨之情變得更加強烈。

萬曆十年，張居正病逝，神宗為之輟朝，贈上柱國，謚「文忠」。然而，僅在張居正逝世後的第四天，在神宗的暗示下，言官就開始彈劾張居正舊部，逐漸將矛頭指向張居正。

神宗在都察院參劾張居正的奏疏中批示道：「張居正誣衊親藩，侵奪王墳府第，箝制言官，蔽塞朕聰。專權亂政，罔上負恩，謀國不忠。本當斷棺戮屍，念效勞有年，姑免盡法追論。」後來，神宗乾脆下令抄家，並削盡其宮秩，迫奪生前所賜璽書、四代誥命，以罪狀示天下。張居正險遭鞭屍，家屬或餓死或流放，長子也自殺於獄中。

論語有云：「子張問崇德、辨惑。子曰：主忠信，徙義，崇德也。愛之欲其生，惡之欲其死；既欲其生，又欲其死，是惑也。誠不以富，亦只以異。」

子張問：「怎樣提高道德修養水準和辨別是非迷惑的能力？」

孔子說：「以忠信爲主，使自己的思想合於義，這就是提高道德修養水準了。愛一個人，就希望他活下去，厭惡起來就恨不得他立刻死去，既要他活，又要他死，這就是迷惑。即使不是嫌貧愛富，也是喜新厭舊。」

人如果不能容納別人，很容易劍走偏鋒。因爲一個人不可能一直無所不能，也不可能一無是處。若能愛之而不寵，惡之而不恨，容得下適當變化，也不會有那麼多悲劇。

南懷瑾提倡人生須要修煉，要保持良好的心境與心態。愛與惡，猶如菩薩與魔鬼，其實很多時候只在一念之間。如果能夠把握這一念，不就能夠妥善地解決人生本不該有的煩惱了嗎？

南懷瑾曾說：每個人的氣度、知識、範圍、胸襟都不同。你要成大功、立大業，就要培養自己的器度，像大海那樣大；培養自己的學問能力像大海那樣深。你要修道，要夠得上修道材料，先要變成大海一樣的汪洋。所以佛經上形容，阿彌陀佛的眼睛「紺目澄清四大海」，又藍又大，就像四大海一樣。我們在評判任何人或事物的善惡，以及表達對任何人或事物的感情時，都要從本心出發，不菲薄，亦不妄抬；不仇視，亦不溺愛；不偏見，亦不優待。

愛或恨往往是內在審美的具象表現，但內在審美對我們常人而言，其實是黑箱。我們不清楚自己的內在審美，我們只清楚，哪些事物讓我們有好感，哪些事物讓我們有反感。所以常人總是把愛恨的原因歸結於外在事物，對外物進行貪愛和嗔恨，而忽視了對自我內在的審察。

佛家有言：「心淨即佛土淨。」多一些平和，多一些自我審視，寬容的去理解他人行爲，寬容的去看待事物的發展。我們才能彌補「愛之欲其生，惡之欲其死」的缺陷，包容身邊的人和事物，與之和諧共處。

4 不要奢望所有人都喜歡你

南懷瑾認爲，世上人有千百樣，在人際交往中難免會遇到不喜歡自己的人，衝突亦是在所難免，這個時候，我們要溫和地對待別人的無禮。若是以無禮反擊無禮，只會引起更強烈的人際衝突。如果你保持溫和的態度，就能有效化解別人的強硬態度，使自己立於不敗之地。

有人說：心寬了，路自然也就寬了。敞開心胸善待不喜歡自己的人，這其實是一種勇氣和智慧。

一位老者在旅途中，碰到一個不喜歡他的人。那人在路上始終用各種方法來侮辱他。但是老者始終都沒有理會他，直到最後，老者才轉身問那人道：「如果有人送給你一份禮物，但你拒絕接受，那麼這份禮物屬於誰呢？」

那人一愣，答道：「當然是屬於原本送禮物的那個人。」

禪師笑了，說：「沒錯，若我不接受你的謾罵，那你就是在罵自己。」

有人說人生會遭遇到完全不同的「三種人」。第一種是能夠「理解、欣賞和器重自己的人」；第二種是「曲解、中傷甚至排斥自己的人」；第三種是與自己毫無關係「無關痛癢的人」。第一種人對自己有知遇之恩，應當尊爲師友，滴水之恩當湧泉相報；第二種人可以智慧地遠離，而不應煩惱和計較；第三種人要以禮相待、和平共處。

真正的智者，即便對於不喜歡自己的人，依舊可以感化他、善待它。

狄仁傑與婁師德曾經一同擔任宰相。狄仁傑非常不喜歡婁師德。

有一天，武則天問他：「你知道我之所以重用你的原因嗎？」

狄仁傑回答說：「我因為文章出色和品行端正而受到重用，並不是依靠別人而庸碌成事的。」

武則天對他說：「你之所以做到如此高的官位，全仗婁師德舉薦。」於是令侍從拿了十幾份婁師德推薦狄仁傑的奏摺給他看。

狄仁傑讀了之後，十分慚愧，武則天並沒有指責他。

狄仁傑走出去後說：「我沒有想到自己竟一直被婁公容忍！而婁公從來沒有自誇的神色。」

一個人很難被所有人喜歡，因爲人的性格、學識、生活習慣等差異，難免會出現這樣或那樣的不同，相處久了，必然會出現一些小摩擦、小誤會，甚至會產生一些不愉快。被人不喜歡了，又要與其朝夕相處或者經常見面，怎麼辦？與其決裂還是謀求維繫？

多一個朋友與少一個敵人同是好事。「化敵爲友」就是讓不喜歡自己的人慢慢地不討厭自己，喜歡自己。凡事對事不對人；或對事無情，對人要有情。

俗話說：「伸手不打笑臉人」，見面以笑臉相迎，和和氣氣，可「一笑泯恩仇」；如果對方遭遇困境，出手相助，而不落井下石，可「患難見真情」；多看對方長處，在其他人面前多讚揚其優點，不要擔心好話傳不到對方耳邊。如有這般「雅量」，就可能化干戈爲玉帛，「冰凍三尺」也會有融化的一天。

5 寬容他人就是善待自己

古人云：「人之謗我也，與其能辯，不如能容。人之侮我也，與其能防，不如能化。」意思是說，別人誹謗我時，與其去和他辯駁，不如寬容他。別人欺負我時，與其去防衛自己，不如化解衝突。

南懷瑾認爲：人與人交往，應著眼於未來，不念舊惡。原諒別人，是對待自己的最好方式。爲你的仇敵而怒火中燒，燒傷的是你自己。人如果能懷著一顆寬恕他人之心待人，必能使自己遠離痛苦、仇恨和報復，與之俱來的是淡定、溫馨和和諧。

諾貝爾和平獎得主、南非黑人領袖曼德拉在度過長達廿七年的監禁生活出獄後，第二天即投入到自己為之奮鬥一生的爭取民族獨立和解放運動中，並在南非首度不分種族的大選中獲勝，成為南非第一位黑人總統。

有五萬人參加了就職典禮。面對三名前獄方人員的到來，他邀請他們站起來並介紹給大家，在場的人無不為之感動。

當美國特使團成員、當時身為第一夫人的希拉蕊問他如何在激流險壑、風雲變幻的政治鬥爭中保持一顆博大、寬容的心時，曼德拉意味深長地看了她一眼，以自己獲釋出獄當天的心情回答了她。他說：

「當我走出囚室、邁向通往自由的監獄大門時，我已經清楚，自己若不能把悲痛與怨恨留在身後，那麼我其實仍在獄中。」

他沒有深陷在心的監獄，成為自己的囚徒，而是寬恕別人，從而善待自己。

對於那些傷害你的人，如果你緊緊抓著你的傷痛不放，你就只是給那些傷害你的人力量，讓他們控制你；可是當你原諒他們，你就切斷了跟這些人的連結，他們就再也不能打擊你。寬恕別人的錯誤不只是放他人一馬，更是對自己的善待。

報復常常使仇恨者和被恨者雙方都陷入仇恨越結越深的痛苦深淵中。

佛陀說：「你永遠要寬恕眾生，不論他有多壞，甚至他傷害過你，你一定要放下，才能得到真正的快樂。」當我們的心靈爲自己選擇寬恕的時候，我們便獲得了應有的自由，因爲我們已經放下了仇恨的包袱。

6 聽得進「逆耳忠言」

南懷瑾說：「李世民慫恿他父親李淵起義造反，李淵最後被時勢所迫，不得已地對兒子李世民說：『吾一夕思汝言，亦大有理。今日，破家亡軀亦自汝，化家爲國亦由汝矣！』由於李世民的建議，才有李唐一代三百餘年的天下。」

唐代有個人叫王貞白，曾將自己寫的諷刺詩《御溝》（皇家下水道叫御溝）送給貫休看。詩曰：「一派御溝水，綠槐相陰青。此波涵帝澤，無處濯塵纓。」

貫休是個和尚，為人坦誠直率。他指著詩說：「你這詩雖好，但不完美，要改一字，詩才有『味』出來。」

王貞白一聽，覺得貫休傲慢。心想：「本來是想聽你誇幾句的，讓我先得意一下，而你這和尚開口就說要改字！多好的詩啊，還改字？」他心裡發堵，腦子一發熱，一甩袖子就走人了。

可貫休和尚想的是：「這王貞白是個人才，心胸必然很寬。剛才只是一時衝動才走的；況且他才思敏捷，琢磨過味來就會回來的。」於是就把他想改的字，先寫在左手心裡。

果不其然，不一會兒功夫，王貞白回來了，一進門就大聲喊道：「此中涵帝澤。」

貫休舉起左手，露出掌心：「你看，正是『中』字。」

兩人開懷大笑不止。

古人能聽進逆耳的忠言不勝枚舉。唐代大文學家韓愈，才華橫溢，但不能耐心聽取別人的意見，且生活上有失檢點，喜歡賭博。聽完張籍的勸告後，終於認識到自己的錯誤，幡然悔悟；當寇準要做宰相時，張詠卻對同僚說「寇準奇才，可惜學術不足」，並直言勸說寇準「《霍光傳》不可不讀」，勸寇準不要做霍光那樣不學無術的人，寇準頓然大悟，勤奮學習，後成為一代名相。

縱觀歷史，凡是成就突出的人，大都勇於接受批評意見。他們能夠從善如流，所以能夠吸取眾人的智慧，避免自己的失誤，從而成就自己的事業。

耕柱是一代宗師墨子的得意門生，不過，他老是挨墨子的責罵。

有一次，墨子又責備了耕柱，耕柱覺得自己非常委屈，因為在墨子的許多門生之中，耕柱被公認是最優秀的，但他卻常遭到墨子的批評，這讓他覺得很沒有面子。

一天，耕柱憤憤不平地問墨子：「老師，難道在這麼多門生中，我竟是如此差勁，以至於要時常遭您老人家責罵嗎？」

墨子聽後反問道：「假設我現在要上太行山，依你之見，我應該要用良馬來拉車，還是用老牛來拖車？」

耕柱回答說：「再笨的人也知道要用良馬來拉車。」

墨子又問：「那麼，為什麼不用老牛呢？」

耕柱回答說：「理由非常簡單，因為良馬足以擔負重任，值得驅遣。」

墨子說：「你答得一點也沒有錯。我之所以時常責罵你，也是因為你能夠擔負重任，值得我一再教導與匡正。」

聽了墨子這番話，耕柱立刻明白了老師的良苦用心，從此再也不以遭受批評為恥，而是更加發奮努力，終於成為墨子的繼承人。

《道德經》曰：「信言不美，美言不信。」意思是真實的言詞不華美，華美的言詞不真實。接受批評是需要勇氣的，要能夠聽得進不太中聽的批評意見。勇於接受批評是一個人成長進步不可或缺的重要因素。

7 小不忍，則亂大謀

南懷瑾在《小忍與大謀》中寫過下面這段文字：

子曰：巧言亂德，小不忍，則亂大謀。這兩句話很明白清楚，就是說個人的修養。巧言的內涵，也可以說包括了吹牛，喜歡說大話，亂恭維，說空話。巧言是很好聽的，使人聽得進去，聽的人中了毒、上了圈套還不知道，這種巧言最會攪亂正規的道德。

「小不忍，則亂大謀。」有兩個意義，一個是人要忍耐、凡事要忍耐、包容一點，如果一點小事不能容忍，脾氣一來，壞了大事。許多大事失敗，常常都由於小地方搞壞的。一個意思是，做事要有忍勁，狠得下來，有決斷，有時候碰到一件事情，一下子就要決斷，堅忍下來，才能成事，否則不當機立斷，以後就會很麻煩，姑息養奸，也是小不忍。

南懷瑾的觀點，在《孫子兵法》中也有類似陳述：「主不可以怒而興師，將不可以慍而致戰，合於利而動，不合於利而止。」就是說，國君不可以因一時的憤怒而興兵打仗，將帥不可憑一時的怨憤而與敵交戰，因爲一個人憤怒過後可以轉變爲高興，怨憤過後可以轉變爲喜悅，但國家滅亡了就再也難以恢復了，人死了就再也無法變活了。一切都要以是否有利益爲轉移，合於利則行動，不利則停止。

三國時期，蜀國名將關羽敗走麥城，被東吳擒殺。張飛聞訊，悲痛欲絕，嚴令三軍趕製孝衣為關羽戴孝，手下將官無奈，最後鋌而走險，將其刺殺。

劉備為報東吳殺害關羽之仇，舉兵伐吳。諸葛亮、趙雲等人苦苦相諫都無濟於事。這時的劉備已完全失去了理智。結果被吳將陸遜一把火燒得潰不成軍，數萬軍士喪生，劉備本人帶著殘兵敗將退歸白帝城，羞愧交加，一命嗚呼。蜀軍從此一蹶不振。

魏大臣司馬懿多謀善變，遇事極為冷靜，從不為自己的情緒左右。一次，諸葛亮出兵伐魏，進軍至五丈原。司馬懿率軍渡過渭水，築壘抵禦。當時，蜀國大軍出動，糧草有限，利在速戰，司馬懿則堅守不出，以待時機。

為了激怒司馬懿出戰，諸葛亮心生一計，派人給他送去婦女的服飾，以諷刺他膽小如女人。但他看到後卻始終按兵不動，諸葛亮也沒有辦法。

最後，諸葛亮看同魏軍長期相持，難以取勝，心力交瘁，加之過度操勞，病死在了五丈原軍中，蜀軍只好退走。

情勢所逼，身在屋簷下，一定要低頭，若硬要抬頭，只能碰地頭破血流。自己爲卵時，一定要忍受，非要去撞石，只能撞得粉身碎骨，越王勾踐對吳王夫差的忍耐就是最好的正面例子；能容大物是大器、能忍大氣是大度。該柔柔是剛，該忍忍是強。該忍能忍是堅強，該忍就忍是聰明；該忍難忍是軟弱，該忍不忍是愚蠢。忍，是一種等待，爲圖大業等待時機成熟，忍之有道。這種忍，不是性格軟弱，忍氣吞聲、含淚度日之舉，而是高明人的一種謀略，是爲人處世的上上之策。

「小不忍，則亂大謀。」是說做人要懂得遇事多忍耐。遇事不能冷靜，並且以某種極端手段處之的人，決不是一個有修養的人。情緒處理得好，可以將阻力化爲助力，幫你解危化險、政通人和。情緒若處理得不好，便容易失去控制，產生一些非理性的言行舉止，輕則誤事受挫，重則違法亂紀。

有遠大志向、宏偉理想的人，都是不斤斤計較個人得失，不在小事上糾纏不清，卻有著開闊的胸襟和遠大的抱負的人。只有那些目光短淺的人，才會斤斤計較個人得失，爲雞毛蒜皮的小事爭地頭破血流。

爲了不因小失大，就要對自己進行理性的克制。它有助於人們在攀登理想境界的征途中，消除情感世界不可避免的潛在危機。

第二課

處世要講婉轉美

1 處世走彎路才能全

南懷瑾對於孔子的研究很深，除了《論語》，他還很看重《孔子家語》。《孔子家語》朗豁而不拘一格，許多考據家都說是僞書，可南懷瑾從不計較書僞或不僞，只關切心意真或不真。聰明的學問人在學習和研究時採取方式往往異於常人，他們不會計較太多，更關心效用，即能夠得到多少知識。做人也是一樣，較真的太多，路就多泥濘。人非聖賢，孰能無過。與人相處需要的不是「明察秋毫」，事事較真，而是互相諒解，彼此包容，只有這樣，才會擁有更多朋友，營造融洽的人際關係。

孔子帶眾弟子東遊，走累了，肚子也餓了。這時他看到一酒家，孔子便吩咐一弟子去向老闆要點吃的。

這個弟子走到酒家跟老闆說：「我是孔子的學生，我們和老師走累了，給點吃的吧。」

老闆說：「既然你是孔子的弟子，我寫個字，如果你認識的話，隨便吃。」於是寫了個「真」字。

孔子的弟子看了說：「這個字太簡單了，誰不認識啊，這是『真』字。」老闆大笑：「連這個字都不認識還敢冒充是孔子的學生！」然後吩咐夥計將他趕出酒家。

孔子看到弟子兩手空空垂頭喪氣地回來，問後得知原委，決定親自去酒家。

孔子對老闆說：「我是孔子，走累了，想要點吃的。」

老闆說，「既然你說你是孔子，那麼我寫個字如果你認識，你們就隨便吃。」於是照樣也寫了個「真」字。

孔子看了看，說，「這個字念『直八』。」

老闆大笑：「果然是孔子，你們隨便吃。」

弟子不服，問孔子：「這明明是『真』嘛，為什麼念『直八』？」

孔子說：「這是個認不得『真』的時代，你非要認『真』，豈能不碰壁？處世之道，你還得學啊。」

「水至清則無魚，人至察則無徒」，太認真了，就會對什麼都看不慣，連一個朋友都容不下，把自己同社會隔絕開。鏡子很平，但在高倍放大鏡下，就成了凹凸不平的山巒；肉眼看著很乾淨的東西，拿到顯微鏡下，滿目都是細菌。試想，如果我們「戴」著放大鏡、顯微鏡生活，恐怕連飯都不敢吃了；如果用放大鏡去看別人的缺點，恐怕那人也罪不容誅、無可救藥了。

古今中外，凡是能成大事的人都具有一種優秀的品質，就是能容人所不能容，忍人所不能忍，善於求大同存小異，團結大多數人。他們胸懷豁達而不拘小節，大處著眼而不會鼠目寸光，並且從不斤斤計較，糾纏於非原則的瑣事，從而成大事、立大業，使自己成爲不平凡的偉人。

鄭板橋說「難得糊塗」，並不是要我們真糊塗，而是要有洞悉世情後的成熟與從容。難得糊塗是一種很高的精神境界，是不計較不苛求，是淡泊名利、笑談恩怨。人生就應該少些多餘的認真和計較，多些聰明的糊塗，多些理解和諒解，這樣，我們定能收穫更多。

與人相處就要互相諒解，經常以「難得糊塗」自勉，求大同存小異，有肚量，能容人，你就會有許多朋友，且左右逢源，諸事遂願；相反，「明察秋毫」，眼裡揉不進半粒沙子，過分挑剔，什麼雞毛蒜皮的小事都要論個是非曲直，容不得別人，人家也會躲你遠遠的，最後你只能關起門來「稱孤道寡」，成爲使人避之唯恐不及的人。

2 不提自己當年勇

南懷瑾認爲，自己的過往或別人曾經的過往都是過去的事，無須再計較。無論好也罷，壞也罷，提起也不會對現在有變化。

「好漢不提當年勇」，過去的成績只能代表過去某個時段。我們要在將來的輝煌上生活，而不是在過去的榮耀上睡覺。忘記曾經的過往，才能更好的上路。

過去的終歸已經過去，只有把握現在，才能成功。一個真正有作爲的人不會躺在安樂椅上睡大覺，更不會把昨天的點滴成績作爲誇耀的資本。「好漢不提當年勇」，過去，現在，永遠是不同的，所以，請從頭再來。自己的曾經有「勇」不提，別人曾經的「不勇」也不可提。別人曾經的「不勇」可能是傷疤，揭開了別人會痛。

每個人都不喜歡別人觸及自己的憾事、缺點、隱私或者使自己感到難堪的事，因此，我們在與人打交道的過程中，一定不要揭別人的短，以免傷害別人的自尊心，爲自己惹來不必要的麻煩。俗話說「矮子面前莫說短話」，別人或許有生理上的缺陷，或許家庭不幸，或許在爲人處世方面有短處，他們本身就已經夠痛苦的了，我們絕不能再雪上加霜。「哪壺不開提哪壺」，傷了別人不說，自己也得不到什麼好處，到頭來只會是兩敗俱傷。

3 必要時放下面子和架子

哲人說：「面子是卑微的鏡子，架子是愚昧的影子。」有「面子」很風光，有了「面子」可以提高自己的形象。但「面子」是給別人看的，不是很實在的東西，做實在事，講究「面子」會很礙事。

蓋樓需要搭架子，架子可以把人抬到與樓一般高，沒有了架子，人就達不到那樣的高度。但有了「架子」很不方便，彎不下腰，轉不了身，脖子和眼睛都不靈活。「面子」看上去斯文得很，其實陳腐得很，「架子」看上去威風得很，其實虛弱得很。

放下面子和架子，接了地氣才好活。

抗戰時期，南懷瑾曾到過四川。在此期間，他為了找碗飯吃，來到一家叫做《金岷日報》的報社。當時，櫃檯上坐著一個老頭子，南懷瑾便上去問能不能在這裡找到一份差事。老頭子把他打量了一下，問他是哪裡人。

他連忙說：「我是浙江人，逃難逃到這裡，想找一個差使，好有碗飯吃；隨便什麼事都行，倒茶掃地也幹。」

這時，坐在裡面的老闆聽見了，伸出頭來看看，就說：「那好啊，你就來上班，我們缺一個工友，掃地的。」他當天就在那家報館上了班——掃地。

這個老闆姓許，看了一會兒，便把南懷瑾叫過去，對他說，看樣子你不是幹這種事的人。然後，又問他會不會寫文章。他不敢說大話，只說自己在私塾裡念過「子曰詩云」等等。許老闆馬上出了一個題目，叫他寫一篇文章。南懷瑾大筆一揮，不一會就寫出來拿給許老闆看。許老闆看了非常滿意，就讓他當了報紙的副刊編輯。

毋庸置疑，當年的南懷瑾已經深諳「彎曲」二字的真諦。為了解決吃飯問題，寧願放下文人的架子，從掃地做起。

面子是好東西，要面子固然沒錯，但不要去死要面子，那樣只會令你活得受罪。

一個年輕人千里迢迢來拜見畫家吳道子，對他說：「我一心一意要學丹青，但至今沒有找到一個能令我心滿意足的老師。」

吳道子說：「你走南闖北十幾年，真沒能找到一個自己心儀的老師嗎？」

年輕人深深嘆了口氣說；「許多人都是徒有虛名啊，我見過他們的畫，有的畫技甚至不如我呢！」

吳道子聽了，淡淡一笑說：「我雖然略懂丹青，但也頗愛收集一些名家精品。既然施主的畫技不比那些名家遜色，就煩請為我留下一幅墨寶吧。」說著，便拿來筆墨硯和一遝宣紙。

吳道子說：「你可否為我畫一個茶杯和一個茶壺？」

年輕人聽了說：「這還不容易？」於是調了一硯濃墨，鋪開宣紙，寥寥數筆，就畫出一個傾斜的水壺和一個造型典雅的茶杯。那水壺的壺嘴正徐徐吐出茶水，注入到茶杯中。

年輕人問：「這幅畫您滿意嗎？」

吳道子微微一笑，搖了搖頭。

吳道子說：「你畫得確實不錯，只是把茶壺和茶杯放錯位置了。應該是茶杯在上，茶壺在下呀。」

年輕人聽了，笑道：「您為何如此糊塗，哪有茶杯在上茶壺在下的？」

吳道子微微笑說：「原來你懂得這個道理啊！你渴望自己的杯子裡能注入那些丹青高手的香，但你總把自己的杯子放的比那些茶壺還要高，水怎麼能注入你的杯子裡呢？」

面子既不能不要，也不能都要。有時自己爲了要面子，而實際上往往是丟了面子。有時，正是「面子」把人拒之於財富和機會的門外。

4 不能改變環境就改變自己

南懷瑾認爲：要想事業有所作爲，多改變自己，少改變環境。環境是大，難改；自己是小，易改。既然不能要求環境適應自己，只能讓自己適應環境。在工作中也同樣如此，你也許無法改變自己在工作中和生活中的位置，但完全可以改變自己對所處位置的態度和方式。

生活中，我們經常看到一些抱怨自己工作枯燥、卑微，輕視自己所從事的工作的人，他們無法全身心地投入工作。他們在工作中敷衍塞責、得過且過，將大部份心思用在如何擺脫目前工作環境上，這樣的職員不可能有成就。

有的人在堅難困苦的逆境中，卻能夠含垢忍辱、負累前行，在別人的冷眼和鄙視中一鳴驚人、一飛沖天。而有的人生活優越舒適，開創事業的條件樣樣具備，機會更是不計其數，但他們總是消極麻木、不思進取，寧可坐享其成，任時光流逝，也不願立志實現夢想。兩種爲人，兩種人生，造成差別的原因，還是與自身調節有關。前一種人能遇挫不折、遇傷不悲、自我激勵，因而能獲得成功；而後一種人沒有前進的動力，因而成了命運的輸家。

無數先哲曾在黑夜裡叩問蒼穹，決定我們每個人不同命運的因素到底有哪些？我們究竟怎樣做才能有效地把握人生？我們的下一個目標是什麼？我們怎樣才能做到既實現自我目標，又能愉快地幫助他人一起前進，共同分享成功的果實與經驗？這些問題，成爲許多人生存中的困惑。

只有改變自己才能使你成爲命運真正的主人，現在就可以調節自己的狀態，指揮它、命令它，讓它給你無限的想像力，只要你有這樣的決心，就能有所作爲。

5 人在屋簷下，一定要低頭

南懷瑾認爲：處世不可太直，特別在依附於人的時候，學會低頭，才能更好的抬頭。

曹操對劉備一向存有戒心，害怕他將來會對自己不利，因而想方設法除掉他。可是，曹操卻不想因「誤殺好人」而輕易背上罵名。在左思右想、拿不定主意的情況下，決定試探一下劉備是不是真的具有威脅性。

一天，他在府中設宴款待劉備。

席間，曹操裝作毫不在意地對劉備說：「當今天下能夠配得上稱為英雄的人，就只有你和我兩個了。至於袁紹、袁術、劉表等封疆大吏、一方諸侯，別看他們表面上顯得很風光，實際上是不值一提的草包。」

劉備正在夾菜，聽到這句話時不禁心中一驚，嚇得把筷子都掉到了地上。恰在此時，天空中響了一聲雷。劉備趕忙乘機說：「雷聲把我嚇了一大跳，弄得筷子都沒能拿住。實在讓我害怕呀！」

曹操本想借品評天下人物的話題來試探劉備是否具有英雄氣概，是否會成為

自己的心腹大患，沒想到劉備竟然這樣「怯弱無能」，於是從內心裡看輕劉備。因此，也打消了除掉劉備的念頭。

有時「人在屋簷下怎能不低頭」是一種迂迴戰術，是爲了養精蓄銳，是爲了示弱。示弱讓別人忽視你，以伺機待發，東山再起。「人在屋簷下怎能不低頭」，也即委曲求全，委曲求全不等於賣國求榮，也不是阿諛奉承，以退爲進是一種彈性自救。

越王勾踐在吳國當人質時忍辱負重，他率妻子和范蠡親去吳國作人質，伺候夫差。抵達吳都後，夫差有意羞辱他，把他囚禁在一個石室裡，要他住在闔閭墳前的一個小石屋裡守墳餵馬，有時騎馬出門還故意要他牽馬在國人面前過。勾踐忍辱負重，自稱賤臣，對吳王執禮極恭，吃粗糧、睡馬房、服苦役，此外，夫差生病，勾踐前去問候，還掀開馬桶蓋觀察夫差剛拉的大便，體貼夫差的病情，「問疾嘗糞」，並「三年不慍怒，無恨色。」這都不是一般人能做到的。經過這樣多年的磨礪，終於使越國強盛起來，打敗了吳國。

常言道：識時務者爲俊傑。所謂俊傑，並非專指那些縱橫馳騁如入無人之境，衝鋒陷陣無堅不摧的英雄，而應當包括那些看準時局，能屈能伸的處世者。

硬要拿著雞蛋去與石頭碰撞，只能是無謂的犧牲。不少人當低頭時硬抬頭，就爲了所謂的「面子」和「尊嚴」，與人爭鬥，有些人因此而一敗塗地，有些人雖然獲得「勝利」，卻元氣大傷！匹夫之勇，人人做得到，學會低頭，才能成就大事。／

6 拼不過，可躲過

《三十六計》最後一計說：「全師避敵。左次無咎，未失常也。」左次，即退卻。咎，指錯誤、罪責。這句話出自《易經・師》卦。全句的意思是說，在形勢不利的情況下，為了保全軍隊，就應該主動退卻，避免與敵人決戰。

南懷瑾認為：退卻避敵是一種主動退卻，保存力量的謀略。黔驢技窮，無計可施，走為上計。

東漢末年爆發了黃巾軍起義。起義軍攻戰了原城。漢朝軍隊在統帥朱的指揮下前來攻城。儘管漢軍使用了聲東擊西戰術，可仍然不能將城池奪回。這時朱下令：停止攻城，全軍撤退。

此時的黃巾軍糧草將盡，日子也不好過。終於盼到了敵軍撤退，就想趁此良機追擊對手。於是，起義軍傾城出動，殺向敵人。漢軍則且戰且退。漸漸雙方離城已有二十餘里了。突然間，朱一聲號令，漢軍按事先的佈置掉轉隊伍，反擊義軍。此時，另一支漢軍抄到義軍背後，斷其退路。義軍企圖從側面突圍，但四面伏兵大起，已無路可逃。

漢軍圍城，無法攻佔，便「三十六計，走為上計」，以退為攻，等其傾城出動，再相機得之，便如探囊取物了。

「走」之所以列爲「上計」，是因爲它可在處於劣勢的情況下，回避激烈的衝突，開創出保存自己以戰勝別人的有利局面。在商業競爭中，若對手過於強大，或是市場發生了不利的變化，沒有取勝的把握，可作戰略轉移，保存實力，以東山再起。

在敵我力量懸殊的不利形勢下，採取有計劃的主動撤退，避開強敵，然後再尋找戰機，以圖東山再起，這在謀略中也應是上策。因爲無論哪一種戰鬥，誰都沒有常勝的把握，在瞬息萬變的戰鬥過程中，不機警就不能應付，不變通就不能達權，所以退卻並非怯懦的表現，也不是英雄末路。只有採取適當的權宜之計，才能有重振雄風的可能。

「走」或「不走」有時的確要費一番心思。該走的時候不走，不該走的時候又走，都會產生困擾。所以，「走」也是一門藝術，既要掌握時機，也要靠點運氣，才能走得正是時候，走得理直氣壯。

7「無友不如己者」，擇善從之

有一次孔子去周廟參觀，見廟中有個欹器。

孔子說：「我聽說這種東西灌滿了水就翻過去，沒有水就傾斜，灌一半的水正好能垂直正立，是這樣的嗎？」

守廟的人回答說：「是的。」

孔子讓子路取來水試了試，果然這樣，於是長嘆一聲說：「唉，哪有滿了而不翻倒的呢？」

清朝皇帝讓人在紫禁城裡擺設欹器，是借欹器「滿則覆，中則正，虛則欹」的特點喻示「滿招損，謙受益，戒盈持滿」的道理。

南懷瑾認爲：謙者無域，不謙者自損其能。

從前有位外地的讀書人，走到泰山山腳下，望著山腰上的石碑「泰山」二字，便大聲念道：「秦川就是這兒。」

不遠處一位農夫聽到了，趕緊向他糾正說：「先生，這兒是泰山。」

讀書人回頭瞧瞧那拿鋤頭的草地郎，端詳了一會兒，再往山頭上瞧瞧，便說：「明明寫的是秦川嘛！」

「哎呀！我告訴你，這裡是泰山！」農夫道。

「你不識字嗎？山頭上寫的明明是『秦川』。」讀書人一副不可一世的樣子。

「我在這裡住了五、六十年，只知道有『泰山』，從沒聽說過有『秦川』，你念錯了！」農夫也很自信的樣子。

「你才錯了呢！」

兩個人在那兒吵了起來。

「好！好！你既然說是秦川，那咱們來打個賭，賭二十個錢。咱們到村裡找個老師評評理，看看誰是誰非？」

「好啊！一言為定！」那讀書人說。

於是兩個人一起走到村裡，找到了學堂裡的教師，把原由從頭說一遍，請老師做個公道。

教師笑著看看那草地郎，又看看那外地讀書人，摸摸下巴，慢條斯理的說：

「是秦川！」

那讀書人樂壞了，一臉得意洋洋的神情向農夫說：

「跟你說秦川就是秦川，還要打賭，輸了吧！」

他拿起二十錢，笑哈哈的走了。

這農夫愣在那兒，眼睜睜的看著錢被拿走，又被酸了一頓，等到回神，才想：「不對啊！明明是泰山，那教師怎麼……」

「老師啊！您今天是怎麼回事？我雖沒讀什麼書，咱泰山人什麼時候變成秦川人了啊？」

「老鄉！沒關係！這二十錢讓他一輩子不識泰山。你看是誰贏誰輸啊！」

一個人志得意滿，易起高傲之心，別人的勸誡，任何教誨、訓示都容納不了，就像一隻裝滿水的水壺，再也容不下一滴水。一個人心太滿了，就只能故步自封，難有什麼進步。一山還有一山高，強中自有強中手，還是謙虛一點好。

法國哲學家羅西法古說：「如果你要得到仇人，就表現得比你的朋友優越；如果你要得到朋友，就要讓你的朋友表現得比你優越。」在交往過程中，每個人都希望能得到別人的肯定。當我們讓朋友表現得比我們優越時，他們就會有一種得到肯定的感覺，但是當我們表現得比他還優越時，他們就會產生一種自卑感，甚至對我們產生敵視情緒。因爲誰都在自覺不自覺地強烈維護著自己的形象和尊嚴，如果有人對他過分地顯示出高人一等的優越感，那麼無形之中是對他自尊的一種挑戰與輕視，同時排斥心理乃至敵意也就由此而生。

越是謙遜的人，別人越是喜歡找出他的優點；越是把自己看得了不起，孤傲自大的人，別人越會瞧不起他，喜歡找出他的缺點。這就是謙遜的效能。在我們的生活和工作中謙虛，可以在處於逆境中得到別人的幫助。人對人的看法是客觀的，人走茶涼是正常的。如果在自己處於逆境中的時候，仍然自負驕傲，會讓許多想幫助你的人敬而遠之。

有些人在開始創業時期謙虛敬慎，在取得成功後或者功成名就後就開始自我膨脹，不能保持平和謙虛地心態。從驕傲開始走向下一個失敗和坎坷的路途。真正謙虛的人，無論如何，都能保持向上之心，不滿足於眼前取得的成績，能夠認識到自己的渺小。謙虛是沉默的高調，沉下心來接受外部事物對自己的影響，不害怕求教於人會暴露自己的無知。古人云：「不知者，爲大知。」故謙虛者得以進。

8 順其自然，樂天知命

南懷瑾認爲：天時，地利，人和，三者全則全已，不全也不可強求。

「上知天文，下知地理」的蜀國軍師諸葛亮，自出山以來，少有敗跡。火燒博望坡，火燒新野，舌戰群儒，登壇祭風，智算華容，三氣周瑜，智取漢中，計捉張任，布八陣圖，靜平五路，七擒孟獲，罵死王朗，氣死曹真，巧設空城。看其風采，運籌帷幄之中，決勝於千里之外。

然而有一天，諸葛軍師料定魏軍必經葫蘆峽，親率隨從勘查地形，在軍營中精心策劃，周密佈置，決心全殲魏軍，思緒已定，於是在帳中調兵遣將，吩咐諸將依計行事，眾將心服口服，皆認為是殲滅魏軍的約好時機。眾將得令而去，按軍師的佈置在葫蘆峽巧設伏兵，準備全殲司馬懿軍隊。

當天烈日炎炎，酷暑難耐，實乃火攻最佳戰機，將士們一切準備妥當，照計行事，誘敵深入，待魏軍進入谷中，山上眾將命令士兵一齊舉火投入谷中，只見谷中濃煙滾滾，火光四起，魏軍頓時大亂，大火焚燒魏軍，哭爹叫娘，一片淒慘景象，不久屍橫遍野，慘不忍睹，死傷不計其數。

正當司馬懿一籌莫展，仰天長嘆：「天亡我也」，眼見全軍行將覆滅之際，偏偏天公作美，大雨不期而至。殘餘魏軍見狀，殺聲震天，拼命逃出峽谷，得以生還。

一場大雨澆滅了諸葛孔明匡扶漢室的雄偉鬥志，使他仰天悲歌：「謀事在人，成事在天，不可強求也。」

松下幸之助說：「到了今天，我不時會把這句話（即盡人事而聽天命）念給自己聽。我也常會碰到一些很麻煩的問題，有時難免會感到迷惑、悲觀，也會產生『人世實在沒有什麼意思』的感覺。只要是人都會有這種感覺。這麼一來就沒有辦法專心工作，對自己當然就非常不利。於是，我想到了『盡人事而聽天命』這句話。只要自己認爲正確之後就去做那件事，以後的成果請他人代爲判斷。到了今天，我還是有這種想法。」

松下幸之助將「盡人事，聽天命」奉爲座右銘。人的意志並不能完全主宰事物的形態與發展。因此，樹立「自量」意識。遇到困難，實在無能爲力的時候，要學會忍耐。事實上，松下幸之助本人也有急不可待的時候，然而，在生活和事業的不斷磨煉中，他逐漸學會忍耐。松下幸之助一生遭遇太多的艱難困苦，「盡人事，聽天命」，這或許是他體味人世間辛酸苦辣之後的經驗之談吧。

「盡人事，聽天命」，就是一方面要盡自己最大的努力去爭取去奮鬥，另一方面又要安守天命，不強求，不妄爲，順其自然，順勢而爲。如果你努力了拼搏了，但依然屢遭挫折，連栽跟頭，未獲成功，那就要理智地接受事實，承認現實，即使如何不如意、不得志，也要「安聽天命」。

生活中我們要「隨緣」而不是「攀緣」，事成了，只是淡淡的欣慰，而沒有過激的興奮與成事後的傲慢；事不成，也只有坦然的接受，而沒有難堪的懊惱追悔。凡事不強求，盡人事，聽天命。憑自己的能力，能做到什麼程度就做到什麼程度，不在乎得失或別人的看法。

隨緣的人不從眾，他們獨立、自我，不會迎合別人而委屈自己。他們樂觀、自信，並且不急功近利。他們思維不偏激，行事不過頭，既不置別人於死地，也不對自己苛求。倘若不成功或不盡如意，那也是問心無愧。人只要心存高遠，自然不會怨天尤人。正如莊子所言：「依天從命，因順自然」。

第三課

與人為善，善莫大焉

1 多雪中送炭，少錦上添花

南懷瑾認爲，錦上添花，爲累加，多一分不多，少一分不少。與其這樣，不如救人之急。

孔子說：「君子周急不繼富。」但是，現實生活中人們卻喜歡「錦上添花」，而不願「雪中送炭」。雖說錦上添花是益事，但卻沒有雪中送炭可貴。

有位書生，家貧如洗。為籌集盤纏向親友借貸，均遭拒絕，只好沿途乞討赴考。沒想到，居然高中，衣錦而歸。家鄉的人都出來迎接、巴結他。

書生感慨萬千，寫了一幅對聯：

「回憶去歲，饑荒五六七月間，柴米盡焦枯，貧無一寸鐵，賒不得，借不得，雖有八親九戚，誰肯雪中送炭；僥倖今年，科舉一二三場內，文章皆合式，中了五經魁，名也香，姓也香，不拘張三李四，都來錦上添花。」

短短幾十字，寫盡了世態炎涼，人情冷暖。

正應了一句西諺所說：「你笑，全世界跟著你笑；你哭，只有你一個人哭。」難怪當他將對聯貼於門上後，見者無不羞愧掩顏。

雪中所送之炭，是維持生存的基本所需，能讓人不至挨餓受凍；錦上所添之花，則能讓人生活更加舒適圓滿，能讓人感覺更加體面。表面看，雖然都有給人以幫助之義，算得上有益無害。但細想，二者還有著本質的區別、高下的分野。

雪中送炭，是你即將渴死沙漠時，別人給你的那壺救命甘泉；而錦上添花，則是在你風光得意時，別人請你吃的那頓山珍海味。但是，此時大概再好的山珍海味都無法和沙漠中的一滴水相比。或者說，雪中送炭，是在你逆水行舟時所獲得的一臂之助；而錦上添花，則是在你一帆風順時感到有人在順水推舟。

喜歡錦上添花，而不願雪中送炭，或許還有付出與回報的利益估算。被錦上添花者，恍如「績優股」，其現狀一目了然，只要順風順勢，投入後的回報，是顯而易見的，因此眾人都趨之若鶩。而需雪中送炭者，正如「潛力股」，其升值前景難以判斷，投入後不但可能成本難以收回，甚至有可能被其「套牢」，拖垮累死，因此大家都避之唯恐不及。

很多時候，人們在幫助別人的定位上不夠清晰，往往只做錦上添花的事情，而忽略了雪中送炭。相同的付出，對於錦上添花的人來說，得到滿足很小，雪中送炭卻意義重大。

2 不要遷怒於人

南懷瑾在《論語別裁》說：「遷怒，就是脾氣會亂發。」

南懷瑾舉過兩個例子：

第一次世界大戰以前，德國的名宰相俾斯麥與國王威廉一世是對有名的搭檔。德國會強盛，不僅因為有俾斯麥這個首相，也因為有個寬容大度的好皇帝。

據說俾斯麥經常和威廉一世爭論，威廉一世當面不發火，回到後宮中，卻氣得亂砸東西，摔茶杯，甚至會摔壞一些珍貴的器皿。

皇后就問他：「你又受了俾斯麥那個老頭子的氣？」

威廉一世說：「對呀！」

皇后說：「你為什麼老是要受他的氣呢？」

威廉一世說：「你不懂。他是首相，一人之下，萬人之上。下面許多人的氣他都要受。他受了氣往哪裡出呢？只好往我身上出啊！我當皇帝的又往哪裡出呢？只好摔茶杯啦！」

有這樣的皇帝，國家怎麼能不強盛呢？

朱元璋的馬皇后也是了不起的人物。

朱元璋當了皇帝以後，有一天在後宮與皇后談笑，朱元璋突然拍了一下大腿，高興得跳起來說：「想不到我朱元璋也會當皇帝！」手舞足蹈，又露出了他寒微時的那種樣子，這是非常失態的。

當時還有兩個太監站在旁邊，他沒有留意到。一會兒朱元璋出去了，馬皇后立即對那兩個太監說：「皇帝等會兒回來，你們一個要裝啞巴，一個要裝聾子，否則你們兩人都會沒有命的，千萬記住！」

果然，朱元璋在外面一想，感覺不對勁，剛才的失態，萬一給兩個太監傳了出去，那還了得。於是回到後宮，一問發現，兩個太監，一個是啞巴，不會說話；一個是聾子，聽不見，這才安心。

所以馬皇后也是歷史上有名的好皇后。

南懷瑾認為「怨天尤人」，就是遷怒的一例。司馬遷《史記》中對《離騷》的評論：「夫天者，人之始也；父母者，人之本也。人窮則反本，故勞苦倦極，未嘗不呼天也；疾痛慘澹，未嘗不呼父母也。」這裡所指的「窮」，並不只是沒有錢了才叫作「窮」。一件事到了走投無路的地步，就叫作窮。此時往往情不自禁地會感嘆：「唉！天呀！」身上受了什麼難以忍受的痛苦，往往就脫口而出：「我的媽呀！」這是一種自然的反應。人到無可奈何的時候，心理上就逃避現實，認爲這是上天給我的不幸。「尤人」，就是埋怨別人、諉過於人，反正就是「我沒有錯」。

一個年輕人來到路旁的修鞋攤前，雙手插在口袋裡，默默地看著修鞋老人給他修鞋。

過了一會兒，老人對他說：「我想你該做點什麼。」

年輕人說：「我幫不上你什麼忙！」

老人問：「為什麼？」

年輕人從口袋裡拿出雙手：「你看，我怎麼幫你？」他的兩隻手都殘疾了，全部扭曲著。

老人看了一眼他的手，搖搖頭：「不，我不是讓你用手幫我做什麼，我只是想讓你和我說說話，其實這才是我最需要的。只要有一顆心就可以了，能給我講講你的經歷嗎？」

望著慈祥的老人，年輕人講述了童年時高壓電怎樣奪去了他的雙手，這些年來所遭受的歧視以及自己逐漸養成的冷漠。

聽完年輕人的講述，老人說：「我爺爺曾給我講過這樣一個故事：一群人奉皇帝之命去追捕一隻巨獺，追出了好遠，眼看要捉到了，前面忽然出現了一條大河，巨獺跳入河中飛快地向對岸游去，很快上了岸逃跑了。這些人傻了，河上沒有橋，岸邊也沒有船，他們只好眼睜睜地看著巨獺跑掉。有一個人在別人懊喪謾罵之時，發現岸邊有一片林子，樹上長著許多果子，他便順手摘了一枚放在懷裡。回去覆命時，別人都遭到了皇上的責罰，他卻受到了嘉獎，就因為他摘了一枚果子回來。」

老人感慨地說：「我爺爺總是告訴我，凡事不要自怨自艾，不如看看周圍有沒有別的收穫，過不了河就摘一枚果子，便沒有白跑那段路。」

人生之路漫長遙遠，遷怒於人只會讓事情變得更糟，也不要因爲一時的失意而怨天尤人。如果你爲失去太陽而哭泣，那麼你也失去了群星。只要用心去感受生活，一定會採摘到許多彌足珍貴的果子。

我們不遷怒於人，當被遷怒時，也要儘量多些理解。古時有一首詩說：「作天難作四月天，蠶要溫和麥要寒。行人望晴農望雨，採桑娘子望陰天。」像這樣，天作哪一種天才是好天呢?作天都如此難，何況作人?所以一個人爲朋友效力，受人埋怨，是難免的。所以老子說：「人法地，地法天，天法道，道法自然」這句話，也就是包含了要我們效法天地廣大包容的氣度。

3 原諒別人適當的趨利避害

南懷瑾說：「『且鳥高飛以避矰弋之害，鼷鼠深穴乎神丘之下以避熏鑿之患，而曾二蟲之無知？』就是說：鳥高飛幹什麼？怕打獵的人用羅網去抓牠，田裡的老鼠在『神丘之下』打洞，洞打得越深越好。『神丘』不是普通的山丘。老鼠很精明，在神廟之下打洞，大家有宗教信仰，一般人不來破壞，牠可以保護自己。爲什麼會打地洞的向下鑽，會高飛的向天上走？就是怕人類熏那個洞。打獵的人很高明，老鼠等小動物躲在洞中不出來，用煙來熏，一熏牠就受不了，跑出來就被抓住了，老鼠懂這個道理，就避得深深的。所以，天生萬物各有自己的聰明，你不能說鳥和老鼠一點聰明都沒有，牠們絕頂地聰明，都曉得避開禍害。」

人總是要生存發展的。要生存發展，就必須與周圍的人進行交換，無論是通過付出工作時間而獲得傭金，還是付出金錢獲得居住條件的改善。但是在交換過程中難免有以一當十，以十當一的情況出現。不過對於此，是應該給予原諒的，這是天性。

對於人的這種天性，《菜根譚》說：「人情重複，世路曲折。行不去處，須知退一步之法；行得去處，務加讓三分之功。」意思是，人間世情重複無常，人生之路坎坷不平。

在人生之路走不通的處所，要知道讓一步的道理；在走得過去的處所，也一定要給予人家三分的方便。

耶魯大學生態學及進化生物學教授斯凱利，和同事一起做了一個趨避反應實驗。他們在實驗中發現，牛蛙蝌蚪能夠憑感應水中的化學物質，察覺到其他同類感染一種專門寄生在消化道中的真菌。健康的蝌蚪一旦發現同類中有感染真菌者，便立即游至患病同類三十釐米以外的地方，以免自身同遭厄運。

斯凱利說，人類知道某些被獵動物在嗅到大敵臨近時，會改變自身的顏色甚至形態，對動物界本身而言，對疾病作出趨避反應也是非常相似的本能。

人作爲「萬物之靈」，同樣是趨利避害的。人餓了就要吃飯，渴了就要喝水，睏了就要睡覺。南懷瑾在《論語別裁》中，舉了曹操的例子進行說明。

> 曹操還沒有壯大起來的時候，初與袁紹作戰，情勢岌岌可危，他的部下沒有信心，認為會打敗仗。很多人暗地裡都和袁紹有聯絡，腳踏兩條船，以便萬一情勢不對時，可以到袁紹那邊去。他們往來的書信資料，曹操都掌握在手裡。後來仗打贏了，曹操立刻把這些資料全部毀了，看都不看。
>
> 有人對曹操說，這些人都是靠不住的，應該追究。曹操說：「跟我的人，誰不是為了家庭兒女，想找一點前途出路的？在當時是勝是敗，連我自己都沒把握，現在又何必追究？我自己信念都動搖，怎能要求他們？如果追究下去，牽連

太廣了，到最後找不到一個忠貞的人，不必去追問了。」

這也是曹操反用恕道，故而能夠寬容人。

美國一位心理學家在一個海濱游樂場中做了一個實驗：故意安排不同的人假裝溺水，看有多少人能救助他們。在長達幾年的觀察中，他發現了一個耐人尋味的現象：當妙齡女子溺水時，累計有八十人進行了救助，當孩子溺水時，有四十六人進行了救助；當老人溺水時，救助人員的數字下降到了三十二人。問及那些救妙齡女子的爲什麼會選擇營救時，他們毫不掩飾自己的觀點：救助她，她可能會成爲自己的另一半，而救老人或孩子是什麼也得不到的。

人之所以爲人，在於他們有選擇趨利的能力，不論是選擇好的還是壞的東西，要點在於人可以自行選擇。對於別人的過錯，我們是原諒還是採取懲罰措施呢？懲罰朋友會喪失朋友，懲罰客戶會喪失合作的機會。與其這樣不如我們也趨利避害：原諒他們。

那怎麼證明我們已原諒別人了呢？對此有個簡單的測試方法。如果我告訴你有關某人的好消息，而這個人曾傷害過你，你會不會在聽到這個消息後心裡發「酸」？如果是的話，這說明你心中的怨恨還在，還起著破壞作用。

如果你心裡仍然會發「酸」，這表明你所謂的原諒只不過是在欺騙自己而已，你並沒有真正地學會寬容他人。當你能真正認識你的內心時，你就會停止對別人的抱怨和譴責，不再讓周圍的環境來左右自己的生活。

4 善待他人，才能惹人善待

南懷瑾認爲，善待你周圍的所有人，你才會贏得所有人的善待。你敬他一尺，他會敬你一丈，無論現在地位如何，都應該以善待人。況且，「三貧三富不到老，十年興敗多少人」未來之事，誰能說得準？自己怎麼待別人，別人也會怎麼對待你。

如果你能以平等的姿態與你周圍的人溝通，對方會覺得受到尊重，而對你產生好感。相反的，如果你自覺高人一等，居高臨下，盛氣凌人地與人溝通，對方會感到自尊受到了傷害而拒絕與你交往。

英國著名戲劇家蕭伯納訪問蘇聯，漫步在莫斯科街頭，遇到一位聰明伶俐的小女孩，便與她玩了起來。

分手時，蕭伯納對小女孩說：「回去告訴你媽媽，今天同你玩的是世界上著名的蕭伯納。」

誰知小女孩看了蕭伯納一眼，學著大人的口氣說：「回去告訴你媽媽，今天同你玩的是蘇聯小女孩安妮娜。」

這使蕭伯納大吃一驚，立刻意識到自己太傲慢了。

事後蕭伯納感慨萬分地說：「一個人不論有多大的成就，對任何人都應該平等相待，要永遠謙虛，這就是蘇聯小女孩給我的教訓，我一輩子也忘不了啊！」

這是一個廣爲人知的故事，相信你讀了以後不會再犯蕭伯納的錯誤，學會謙虛、平等的對待任何人。

你善待了別人，別人才會善待你。還有深層的一點，就是真正善待別人，才能使自己的良心得安，心靈寧靜。也許常常折磨我們內心的，就是沒有更好的對待我們周圍的人；也許常常讓我們受傷害的，不是別人而是我們自己。

只要自己心存良善，良善就會縈繞著你。一個暴戾的人，身邊總是充滿著暴戾的氣息；一個善良的人，周圍總是瀰散著和諧的氛圍。我們不能要求別人對自己怎樣，可是我們卻可以主宰我們對別人的態度。愛惜自己，善待他人，善待他人就是善待自己。

5 推己及人的恕道

南懷瑾關於推己及人方面，作了以下闡述：

「子貢曰：我不欲人之加諸我也，吾亦欲無加諸人。子曰：賜也，非爾所及也。這是子貢很得意地講自己學問修養的心得。他說，我不喜歡人家加到我身上的那些事，我也不想有同樣的情形加到別人身上。譬如有人罵我，我會覺得不高興，因此我也不罵任何人。換句話說，別人給我的痛苦、煩惱，我不喜歡，因此我也不願加給任何一個人痛苦、煩惱。你說一個人能夠有這樣的修養，多了不起！他向孔子報告了自己這個做學問的可貴心得。孔子聽了便說：子貢呀！這是你做不到的呀！」

心懷悲憫之心的人，總是會設身處地地去體會別人的切身感受，總是會推己及人的爲別人著想。

很久以前，有一個國家叫做「波羅奈國」。這個國家有一個很壞的風氣：家中老父年過六十之後，人們就給他換上破鞋子，讓他看守門戶。

有一對兄弟，他們的父親也年過六十了。於是，哥哥就對弟弟說：「你給父親換一雙破鞋子，讓他去看門吧。」

弟弟走進房間，拿了三雙破鞋出來，將其中一雙遞給父親說：「哥哥讓您穿上這個去看守門戶。」

哥哥看了看另外兩雙破鞋，奇怪地問弟弟：「為何要多拿兩雙破鞋呢？」

弟弟回答：「你我以後難道不會老嗎？到那個時候，我們的兒子也會讓我們穿著破鞋去看門。所以我一併將我們兩個將來需要的破鞋也找了。」

哥哥愣住了，問：「我們以後當真也會這樣嗎？」

弟弟說：「那還能怎樣呢？只要這種不孝順老人的風氣存在，我們就遲早會面對這樣一天。」

哥哥明白過來這個道理後，就帶著弟弟一同來到王宮，向國王稟明自己的想法。最終國王廢除了這種惡習。

人們習慣於從自身的角色出發，站在自己的立場上來理解和看待別人，所以不同程度地存在著「自我中心式」思維。人們習慣於把交往中的矛盾歸罪於對方，雙方各執一詞，互不相讓，自然難以達成相互理解，因為人們習慣於「己所不欲，卻施於人」。

富勒說過，「向別人扔汙物的人，把自己弄得最髒。」幾千年來，人類在對待人際關係中始終都遵循這樣一條定律：種瓜得瓜，種豆得豆。你如何對待別人，你種的是善因還是惡因，你強加於人的是自己的喜還是惡，最後都會報應在你的身上。

爲別人著想有時是好的，但不可強加於人。自己喜歡的東西，別人也許接受不了，不能把我們自己的喜惡強加於別人，非要他人和我們一樣，這其實也是強人所難。當然自己討厭的東西更不可以冒然強加於人。

己所不欲，勿施於人。友好換來的是友好，微笑換來的就是微笑。相反，對別人不友好、不公平，別人也會對你不友好、不公平。

時時事事都設身處地，站在別人的立場上冷靜地想一想，尤其是多爲別人想一想，多考慮一下別人的利益，才能不使自己的意志強加於人，才能不以自己的好惡爲好惡，不做侵犯別人利益、傷害別人心靈的事，才不會遭致別人的憤恨和反對，從而贏得眾人的全力支持。

6 苛刻要求別人，孤立的只能是自己

荀子云：「故君子之度己則以繩，接人而用。度己以繩，故是以爲天下法則矣；接人以地，故能寬容，固求以成天下之大事矣。」意思就是說人們應該以道德的準繩來約束自己的行爲，對別人要像接引乘客登舟一樣。嚴於律己，寬以待人，才能成就大事。緊咬別人的缺點不放，只會孤立自己。

南懷瑾先生說：「天下無全才，不必求之太嚴。如果要求過嚴，希望別人都是聖人、全才，在道德上人人如孔子，而防他又如防土匪，用他又隨便用得像機器。這是不可以的，切記居上要寬。」

東漢史學家班固所著的《漢書》中有一句話：「明有所不見，聰有所不聞，舉大德，赦小過，無求備於一人之義也。」意思是，視力敏銳卻有所不見，聽力靈敏卻有所不聞。注重大的才能，放過小過小錯，對人不求全責備。這才是一個明智的人所應該做的行爲。

楚將子發的帳下有一個其貌不揚，號稱「神偷」的人，此人沒什麼大才，一直也沒有立下一點功勳，但是依然被子發奉為上賓。

有一次齊國犯境，子發率兵迎敵。儘管楚軍中也不缺乏智謀者和能征善戰的將軍，但是在強大的齊國軍隊面前，這些都顯得毫無作用，楚軍連敗三場。大將子發無計可施，一籌莫展。這個時候「神偷」主動請纓，前往齊國大營。趁著天黑，他把齊軍主帥的睡帳偷了回來。

第二天，子發派使者將睡帳送還給齊軍主帥，並對他說：「我們出去打柴的士兵撿到您的帷帳，特地趕來奉還。」

當天晚上，神偷再次去偷了齊軍主帥枕頭回來，第二天再由子發派人送回。

第三天晚上，神偷又把齊軍主帥頭上的簪子偷了來。

齊軍主帥大驚，對幕僚們說：「如果再不撤退，恐怕子發要派人來取我的人頭了。」於是，齊軍不戰而退。

《紅樓夢》中的王熙鳳是榮國府的大管家，一生要強，對待下人苛刻無比，自己卻不知進退，大肆斂財。只知損人利己，不知厚道待人的王熙鳳到了最後連她的丈夫也背叛她。「機關算盡太聰明，反送了卿卿性命」是她一生最好的寫照。

南懷瑾先生認爲一個上級領導不能有「察察之明」，太過精明，眼裡一點都不揉沙子，不會裝糊塗，這就是居上不寬，「金無足赤，人無完人」，若是你作爲一個上級領導，不能容忍下級有一丁點的缺點，那做你下屬的人日子可就不好過了。

其實，歷史上許多有所作爲的帝王，雖然遇到大事的時候從來都不含糊，但是在一些小事情上向來都是睜一隻眼閉一隻眼的，他們從來都不會用自己的「察察之明」把屬下每天都給逼得戰戰兢兢，如履薄冰。

李衛，字又玠，江南銅山（今江蘇省徐州市）人，清代名臣。康熙五十六年靠捐資入仕，成為兵部員外郎。李衛出生於江蘇一個家境很富裕的人家，自小便沒有什麼讀書的天分，不過家裡對他的期望卻非常大，一直想讓他進仕。最後只好花錢捐了個小官。

原本像他這種不是科舉出身的官員是不大會受重用的，但是李衛卻有著當時官場上很多人沒有的優點。他敢作敢為，不畏權貴，是一個不可多得的正直官員。李衛上任的時候，是康熙末年，官場中百蔽叢生。他一到任立刻進行整頓，毫不留情地彈劾了那些不法官吏，即使是皇親國戚，李衛也不給情面。

正因為這一點，他被極度厭惡貪腐的雍正皇帝看重，因而在雍正登基之後，立刻重用了他。

然而，李衛身上一樣有很多缺點，他生性驕縱，粗魯無禮，尖酸刻薄，在官場上的人際關係搞得並不好，很多同僚都對他不滿，經常有人向皇帝告他的狀。

然而雍正皇帝對於這樣的一個人並沒有求全責備，他說：「李衛之粗率狂縱，人所共知者，何必介意。朕取其操守廉潔，勇敢任事，以挽回瞻顧因循，視國政如膜外之頹風耳。除此他無足稱。」

正因爲雍正皇帝這種「舉大德，赦小過」的用人原則，不苛求屬下的這些小過小錯，所以終雍正一朝，李衛始終是榮寵有加。

正所謂「冕而前旒，所以蔽明；黈纊充耳，所以塞聰。」「旒」是指古代帝王禮帽前後懸垂的玉串。「黈纊」則是帽子兩邊懸掛於耳旁的黃綿所製的小球。這正是告訴那些古代的帝王們，作爲一個上位者，凡事不能都明察秋毫。有的時候，適當地裝裝糊塗也是需要的，這樣你的臣屬才不會覺得有壓力。

7 君子成人之美，不成人之惡

南懷瑾說：「『君子成人之美，不成人之惡；小人反是。』一個君子，看到朋友、同事有任何的好事，都願意幫助他完成，壞事則要設法阻攔使他無法完成。從政、做人都一樣要做到這個程度。而小人卻正好相反，就喜歡幫助人家做壞事。」

曾國藩說：「見得天下都是壞人，不如見得天下都是好人，存一番薰陶玉成之心，使人樂於善。」這是人性本善的信仰，順此美好天性，人應當對他人之才加以成全，而不是忽視埋沒。其實，成人之美，不一定非要做驚天動地的大事，多做些力所能及的事，一樣是成人之美。

魯國曾經有這樣一個規定：誰能贖出在其他諸侯國當奴僕的魯國人，誰就能夠從國庫中支取一筆費用。

孔子有個學生叫子貢，他是個大商人，在各個諸侯國做生意時贖出了許多做奴僕的魯國人。但是，他回國後沒有去領取該領的錢。子貢覺得自己這件事做得非常出色，特意向孔子報告了這件事，滿以為老師會大加讚揚一番。

出乎意料的是，孔子搖了搖頭，嘆息道：「子貢，你知不知道你做錯了！哎，從今以後，魯國在別國做奴僕的人不會有人再去贖了。從國庫支取金錢，並無損你的品行，而你不去支取金錢，以後就不會有人再去贖人了！」

孔子的另一個學生子路，有一次救了一個溺水的孩子。事後孩子的父親用一頭牛來酬謝子路，子路沒有拒絕便將牛收下了。孔子知道了這件事以後，讚賞地說：「今後魯國人一定都會救溺水的人了！」

果然不出孔子所料，在子貢的影響下，以後魯國人在國外贖回做奴僕的魯國人的寥寥無幾了；而在子路的影響下，魯國經常有人救助溺水的人。

《大長今》中，中宗和長今接觸頻繁，頓生愛慕，當他知道長今就是多年前給他送酒的那個小姑娘時，更是覺得他和長今是緣分天註定。可是當他知道長今和閔政浩的緣分比他還要深的時候，心中升起了一股醋意，中宗因此陷入了痛苦的深淵。他明確地告訴長今，他愛慕長今，但不會逼她做自己不願意做的事情。

後來，中宗終於下定決心，不畏一切艱難，封長今爲正三品堂上官，下賜大長今的稱號，閔政浩則被流配到異鄉。中宗的病情每況愈下，中宗隱密下令讓內侍府的人將長今送到閔政浩被流配的地方，希望兩人遠走他鄉，避免被朝廷官員追殺，因爲他知道自己再也無法保護長今了。

一位高高在上的皇帝，因爲寬容和大度，終於使得長今和閔政浩有情人終成眷屬。應該說，作爲皇帝要得到一個宮女是再也不容易的事情了，但是他也知道，是自己的應該爭取，不是自己的是勉強不來的，這就是中宗的成人之美。

不能因自己喜愛而競爭，有些競爭是可以放棄的，該放手的時候就放手。今天我們成他人之美，明天他人就會成我之美。

古代有一個叫謝原的人，精通詞賦，所作的歌詞在民間流傳甚廣。

有一年春天，謝原到張穆王家做客，張穆王親自接待他。飲酒暢談之餘，張穆王便讓自己的小妾談氏在簾子後面用心地彈唱。謝原仔細一聽，談氏唱的正是自己所作的一首《竹枝詞》。

張穆王見謝原聽得十分出神，乾脆叫談氏出來拜見。談氏長得非常漂亮，她接著又把謝原所作的歌詞都唱了一遍。

謝原十分高興，猶如遇到了知音，對談氏產生了愛慕之情。他站起來說：「承蒙夫人的厚愛，在下感激不盡，只不過夫人所唱的是在下的粗淺之作。我應該重作幾首好詞，以備府上之需。」

次日，謝原即奉上新詞八首，談氏把它們一一譜曲彈唱，兩人配合得十分默契。這樣一來，謝原和談氏你來我往，日久生情，終於有一天，謝原向談氏表白了。談氏雖然心裡歡喜，但自知是張穆王的小妾，身不由己。

於是，謝原親自去拜見張穆王，請求張穆王成全。

世上哪有一個王爺遇到這樣的事情不大發雷霆的，但張穆王卻哈哈大笑起來：「其實我早有此意了。雖然我也喜歡她，但你們兩個是天生的一對啊。一個作詞，一個譜曲，一個吹拉，一個彈唱，你說，這不是天造地設的一對嗎？」

謝原沒有想到張穆王竟如此大度。後來為報答張穆王，謝原把此事做成詞，談氏把它譜成曲，四處傳唱。張穆王成人之美的美名馬上傳播開來，很多有識之士都來投靠他。

俗話說：「在家靠父母，出門靠朋友。」多一個朋友就等於多一條路，要想人愛己，己須先愛人。我們心中存有樂善好施、成人之美的心思，才能爲自己多儲存些人情的債權。這就如同我們爲防不測，須養成「儲蓄」的習慣一樣。這甚至會恩澤到我們的後世子孫，就像佛所說的那樣，「前世修來的福分」。

對於一個身陷困境的人，一碗熱麵，一杯熱茶，可能就使他渡過了人生中最艱難的時刻，重新樹立進取的勇氣和信心，成就一番事業；對於一個執迷不悟的浪子，一次交心的促膝之談，可能就使他重新樹立人生的正確方向。

第四課

得意失意皆從容

1 有得意，就有失意

孔子說，一個人沒有長遠的考慮，一定會有近在眼前的憂患。南懷瑾認爲不管是從事政治，還是個人做人，都要以這兩句話作根據。隨時隨地要有深慮遠見，不要眼光短視，否則很快就會有憂患到來。小而言之，個人是如此，大而言之，國家的前途也是如此。

齊國在管仲的治理下，國力越來越強盛，懾服了周邊的國家，各地的諸侯們都承認了齊國的霸主地位，只有強大的楚國依然不奉號令。

齊王準備討伐楚國，齊國的大將們紛紛請戰，只有宰相管仲反對。他認為齊國連年征戰，已經疲憊不堪，不宜再長途遠征。

管仲想出了一個釜底抽薪的好辦法，可以不費一兵一卒就讓楚國衰敗。管仲派人日夜搶鑄銅錢。等到差不多的時候，他派了數百名商人前去楚國收購鹿。楚國盛產鹿，鹿的價格很便宜，兩枚銅幣就可買到一頭鹿。

管仲派去的商人一面在楚國揚言說：「齊桓公好鹿，不惜重金購買。」一面花大價錢買鹿。開始三枚銅幣一頭，後加價到五枚銅幣一頭。楚國人見鹿這麼值錢，紛紛跑到山裡獵鹿。

就這樣一個月後，楚國的鹿價已經漲到了四十枚銅幣一頭。高昂的利潤吸引了楚國上上下下的人，農民不再耕田，士兵不再操練。

一年之後，楚國的銅幣堆積成山，但田地荒蕪，糧食斷絕。管仲又向其他諸侯國下令，不准他們與楚國通商。這一來，楚國的銅幣都成了擺設，買不到任何糧食。楚國鬧起了饑荒，人們紛紛到四處逃難。軍隊鬆弛，戰馬不能行。這個時候，管仲糾集八路諸侯進兵楚國，楚成王在內外交困的情況下，只得向齊國割地議和，並保證尊奉齊國的號令。這就是歷史上著名的「買鹿之謀」。

管仲與楚成王形成了鮮明對比，他所做的每一件事都是圍繞著目標前進的，而楚成王完全看不出管仲的用意，任由楚國照著管仲的意圖發展下去，結果大敗吃虧。

未雨綢繆是人生的智慧，但不是每一個人都能做到。沒有遠見的人，不能預測雨是否會來臨，因此不會做出準備；或者時時做準備，這兩者對人生的發展都是沒有好處的，一種會讓自己時時處在危險中，一種會阻擋自己前行的腳步。只有有遠見的人，才能推測雨來臨的大致時間，做出適當的安排，使得自己從雨中逃脫。

人生處在順境和得意時，最容易得意忘形，終致滋生敗象，樂極生悲。可偉大的人，只會在順境時堆積自己的成就，來抵擋可能要來的暴風雨。

2 得意失意難定論

《老子》言：禍兮福之所倚，福兮禍之所伏。因而得到了不一定就是好事，失去了也不見得就是件壞事。認識人，認識事物，都應該是認識其根本，得也應得到真實有價的東西，不要爲虛幻的假象所迷惑。失去固然可惜，但也要看失去的是什麼，如果是自身的缺點、虛幻不實的東西，這樣的失去又有什麼值得惋惜的呢？

南懷瑾說：「禪宗經常用一句話，放下，就是丟掉了。做了好事馬上須要丟掉，這是菩薩道；相反的，有痛苦的事情，也是要丟掉。有些人說，好事我可以丟掉，就是痛苦丟不掉啊！實際上，好事跟痛苦是一體的兩面而已，一個是手背，一個是手心。假使說，好事他能夠真丟開的話，痛苦來了一樣可以丟開，所以痛苦也是一個很好的測驗。如果一個人碰到煩惱、痛苦、逆境的時候丟不開，說他碰到好事能丟得開，那是不可能的。」

古時候，有個叫子輿的人不幸得了一種怪病，病情十分嚴重。背上爛了五個大窟窿；肩膀瘦弱而突兀，像兩座高聳的駝峰；腦袋墜到了肚臍下面，後腦浮腫，走起路來也上氣不接下氣。

人們都譏笑子輿的醜陋，而子輿自己卻不以為然，總是自我解嘲說：

「假如我的左臂膀變成了雞，我就可以用它來報曉；假如我的右臂膀變成了弓，我就可以用它來打鳥；假如我的屁股變成了車，我的精神化作了馬，我就要乘上它到處遊逛，這樣豈不是很快活的事嗎？」

人們每當聽到了子輿的這些話，一個個都嘲笑著走開，不再理會他。

時光如流，突然有一年，戰爭爆發了，村裡除了兒童以外的所有男人，都被抓去當了兵，只有子輿一人倖免於難。後來，那些被抓去的人都死在戰場上，子輿反倒成了方圓十里為數不多的男人之一。

人生的得失不是一兩句話就可以詮釋清楚的，人生的浮沉也不是一兩件事就可以知勝負的，無論你是情場得意還是考場失意都在所難免，人生的成敗名利沒有必要看得過重，也沒有必要過於計較，計較太多對己對人都不利。

在漫長的人生長河中，得意時，不一定是幸福；失意時，不一定是倒楣。明末清初有詩云：眼前喬木盡兒孫，曾見吳宮幾度春。若使當時成大廈，亦應隨例作灰塵。詩的第一句，感慨國家棟樑，都是他的後輩。第二句講自己，像山上大木，能有幾度春光？這裡是說，失意並非壞事。所以，人生得意，不一定壞，也不一定就好；有時候失意，也不一定差。得意失意難定論，還是淡泊、平和的好。

3 藏鋒斂銳，居功不自傲

《左傳》記載，魯國與齊國作戰，魯軍大敗，作爲統帥之一的孟之反留在後面掩護大軍撤退。當大家都安全撤回而迎接他時，他卻故意鞭打著馬說：「不是我敢於殿後，而是我的馬跑不快呀！」

由於當時孔子的學生冉有也參加了這次戰鬥，所以孔子很快也知道了這件事情，他非常推崇孟之反這種居功不自傲的行爲，子曰：「孟之反不伐。奔而殿，將入門，策其馬，曰：『非敢後也，馬不進也。』」其實，孟之反不居功自傲的原因不單單是因爲謙虛，還是因爲他不願意因此而引起其他將領和同僚的嫉妒。

南懷瑾先生說：「《論語》所以要把這一段編入，乃是借孟之反的不居功，反映出春秋時代人事紛爭之亂的可怕。實際上，人事紛爭在任何時代都是一樣的。很坦白地說，在一個地方做事，成績表現好一點，就會引起各方面的嫉妒、排擠；成績不好呢？又太窩囊，人實在不大好做。」

明王朝的建立，徐達功不可沒。有詩云「指揮皆上將，談笑半儒生。」徐達每年春天掛帥出征，暮冬之際還朝。回來後立即將帥印交還。他是兒時與朱元璋一起放過牛的發小，隨後，朱元璋將自己的次女許配給他。可他回到家裡仍然過著極為儉樸的生活。

朱元璋曾私下對他說：「徐達兄建立了蓋世奇功，從未好好休息過，我就把過去的舊宅邸賜給你，讓你好好享幾年清福吧。」

朱元璋的舊邸是其登基前當吳王時居住的府邸，可徐達就是不肯接受。

萬分無奈的朱元璋請徐達到舊邸飲酒，將其灌醉，然後蒙上被子，親自將其抬到床上睡下。

徐達半夜酒醒，問周圍的人自己住的是什麼地方，內侍說：「這是舊內。」

徐達大吃一驚，連忙跳下床，俯在地上自呼死罪。

朱元璋見其如此謙恭，心裡十分高興，命有關部門在此舊邸前修建一所宅第，門前立一石碑，並親書「大功」二字。

徐達病逝後，朱元璋為之輟朝，悲慟不已，追封為中山王，並將其肖像陳列於功臣廟第一位，稱之為「開國功臣第一」。

歷史上每個皇權的確立，無不倚仗文臣武將的運籌帷幄決勝千里，但功臣往往成爲權臣。皇帝總是在政權到手後，擔心功臣、權臣奪取皇權或挾天子以令諸侯事情發生，千方百計收回其權力。「杯酒釋兵權」已算是非常「客氣」了。

「狡兔死，走狗烹；飛鳥盡，良弓藏；敵國破，謀臣亡」成爲皇權統治下殘酷的事實。

與其居功自傲被誅，不如學孔子之言。孔子在《易經‧繫辭傳》中，曾專門提到乾卦的九三爻辭「勞謙君子，有終吉」，並評論說「勞而不伐，有功而不德，厚之至也。」讚揚的也是有付出而不居功。有功勞而不自以爲有德行，恰是德行敦厚的表現，而「厚德」才能「載物」。

許攸，原是袁紹的一個謀士，在官渡之戰中投靠了故交曹操。

當時曹操以七萬之眾對袁紹七十萬大軍在官渡相持，自然處於下風，而且糧草斷絕難以持久。一籌莫展之際，許攸自己來投。

《曹阿瞞傳》說：「公聞攸來，跣出迎之，撫掌笑曰：『子遠，卿來，吾事濟矣！』。」用白話文講就是，當時，曹操已解衣歇息，聽到此消息，來不及穿履，跣足出迎，看見許攸，撫掌歡笑，攜手共入。

許攸投曹後，為曹操出的奇襲烏巢之計，最終扭轉戰局。官渡之戰得勝後，曹操圍攻袁氏老巢冀州，許攸的「決漳河灌城之計」，最後奠定曹操勝局。

許攸的兩個計策都點了袁紹的死穴，正是得益於此兩計，曹操最終戰勝袁紹，從而統一了中原，成就了曹氏霸業。

可許攸卻自恃有功，時與曹操相「戲」，甚至「阿瞞，阿瞞」地亂稱呼。

有一次出鄴城東門，他又對別人講：「要不是我，老曹家可就再也不能出入此門啦。」

曹操畢竟是個大人物，豈容許攸這樣對他，終於找了個藉口，把許攸殺了。

《莊子》記載：當楊子去請教老子時，老子也諄諄告誡他不要太盛氣凌人，而是要謹言慎行、謙虛待人。因功自誇其能，終會因功惹禍。

「君子有功不自傲」，功高是好事，但如果自詡自誇，只會自損其才，自傷其能。最終的結果必定是自貶其尊，自嫡其位。我們必須保持謙遜，放低姿態，自傲是自輕自賤的表現，只有低調做人才是自珍自重的大理。

4 得意莫驕狂，失意莫失態

南懷瑾說：「儒家經常告誡人，不要得意忘形，這是很難做到的。一個人發了財，有了地位，有了年齡，或者有了學問，自然氣勢就很高，得意就忘形了；所以人做到得意不忘形很難。但是以我的經驗還發現另一面，有許多人是失意忘形。這種人可以在功名富貴的時候修養蠻好，一到了沒有功名富貴的時候，就都完了，都變了。自己覺得自己矮了、小了，變成失意忘形。」得意忘形與失意忘形，都是心無所主，被外物困住了。

阮籍是晉朝著名的詩人，「竹林七賢」之一。

阮籍不但愛喝酒，對音樂也很擅長，能彈一手好琴。當他高興的時候就又彈又唱，手舞足蹈，仰天大笑，連自己是個什麼樣子都忘記了。所以後來有人用「當其得意，忽忘形骸」來形容他高興時的狀態。

阮籍本有拯救國家的大志，可他生活在魏晉易代之際，魏氏與司馬氏爭權，天下多有變亂，阮籍覺得像他這樣的人連人身安全都不能保障，更難於施展才華，於是他回避現實，不參與任何社會事務，終身鬱鬱不樂。

景元四年，阮籍五十四歲，他驅車登上廣武山考察了楚漢古戰場以後，痛哭一場，盡情發洩了一陣心中的悲哀，留下了一篇《豪傑詩》，於冬天去世。

有人也許正志得意滿，位高權重。一言既出，千人諾諾；抬腿邁步，前呼後擁；耳邊塞滿甜言蜜語；家中總見門庭若市；揮一揮手，可令風聚雲散；跺一剁腳，能使山河易容。有人也許正滿面春風，站在成功的制高點——滿目是鮮花招手，彩旗飛揚；充耳是掌聲雷鳴，喝彩響徹；各種各樣絢麗的榮譽、華貴的桂冠、閃亮的光環一起向著成功者投來。輝煌啊，榮光啊！但是，請別忘了，現在的得意代表不了永久的風光。

常言道，「花無百日紅，人無千日好」。人生不如意十有八九。失意並不可怕，關鍵是，失意了別失態，別失形，尤其是別忘形。

人生是失意時多得意時少，失意是目標設定中的挫折，前行路上的坎坷，精神上的壓抑。一旦失意，沮喪、懊惱、憤怒、自責常纏繞心頭，消極和絕望就會趁隙而入，當達到一定程度時，就容易失態，容易忘形。

有的人在得意時還能保持清醒，可是一旦失意，立刻風度全無，自覺矮人半截，自暴自棄。得意忘形要不得，失意忘形同樣後果嚴重，因爲連翻本的機會都沒有了。

有人也許正遭受重挫，身陷逆境——或是學場失意，或是情場失戀，或是商場失敗，或是官場失落。此時，難免要被人譏諷，遭人白眼，面對冷遇，甚至是欺辱。痛苦啊，寒心啊！但是，「一切都會過去」，明天就要來臨。

人生在世，誰能沒有失意、不得志、不順心的經歷？問題就在於能不能正確認識失意的原因、總結吸取失意的教訓，驅除失意的心理陰影重頭再來。如果被失意束縛而失態、出格、辦蠢事，那不是既可憐又可悲更可惜嗎？

整日長吁短嘆，悲觀消沉，被失意所擊倒。久而久之，必然損其心志，傷其體魄，貽誤大事，甚至會賠上身家性命。失意忘形是一種自輕自卑、自虐自殘的行爲。

梁啓超在《論毅力》一文說，如果遇到挫折而不退縮，那麼小的不順利之後，必定有小的順利；大的不順利之後，必定有大的順利。經過了盤根錯節的複雜情況以後，隨之便會有迎刃而解的一天。

「前事不忘，後事之師。」失意時要認真反省。思考爲什麼會失意，原因出在哪裡，找出癥結，對症下藥，堅強地面對現實，努力攻克難關。要做到失意不失志，把挫折視爲奮起的機遇，學會「吃一塹，長一智」。

得意，失意都會過去。無論在任何境遇中，保持一顆平常心，你就能坦然地面對失意，當厄運突然來臨之時，你就有勇氣去戰勝它。將失意之事看開，淡然處之，不卑不亢地面對新的人生，一切從頭開始，或許有更好的結局。

5 寵辱不驚，則萬物莫不自得

明人洪應明在《菜根譚》中寫道：「寵辱不驚，閒看庭前花開花落；去留無意，漫隨天外雲卷雲舒。」爲人描述這樣出世、入世的正心修身的見解，能視寵辱如花開花落般平常，視得失、去留如雲卷雲舒般無常。這樣的安詳心態，才是睿智。

南懷瑾認爲，老子《道德經》中所說的「寵辱若驚，貴大患若身」，對人的一生的成長有好處。但真正能做到的人確實不多。

屠羊說是楚國的一個屠夫，曾跟著遇難的楚昭王逃亡。在流浪途中，昭王的衣食住行都是他幫忙解決的。

後來楚昭王復國，昭王派大臣去問屠羊說希望做什麼官。

屠羊說答覆道：「楚王失去了他的故國，我也跟著失去了賣羊肉的攤位，現在楚王已恢復了國土，我也恢復了我的羊肉攤，生意依舊紅火，還要什麼賞賜呢？」

昭王過意不去，再下命令，一定要屠羊說領賞。

屠羊說說，「上次楚國失敗，不是我的過錯，所以我沒有請罪殺了我；現在復國了，也不是我的功勞，所以也不能領賞。我文武知識和本領都不行，只是因為逃難時偶然跟國王在一起，如果國王因為這件事要召見我，是一件違背政體的事，我不願意天下人來譏笑楚國沒有法制。」

楚昭王聽了這番理論，更覺得這個羊肉攤老闆非等閒之輩，於是派了一個更大的官去請屠羊說，並表示要任命他為三公。

屠羊說死活不肯來，說：「我很清楚，官做到三公已是到頂了，比我整天守著羊肉攤不知要高貴多少倍；俸祿比我靠殺幾頭羊賺點小錢不知要豐厚多少倍。這是君王對我這無功之人的厚愛，我怎麼可以因為自己貪圖高官厚祿，使我的君主得一個濫行獎賞的惡名呢？因此，我絕對不能接受三公職位，我還是擺我的羊肉攤更心安理得。」

「寵辱若驚，貴大患若身。何謂寵辱若驚？寵爲下，得之若驚，失之若驚，是謂寵辱若驚。何謂貴大患若身？吾所以有大患者，爲吾有身，及吾無身，吾有何患！故貴以身爲天下，若可寄天下；愛以身爲天下，若可托天下。」老子在《道德經》中一語道破天機，人之所患，人之所驚，只在乎失，執著有，這就是困擾人性的很重要根源。這是蠻深刻的人生命題，但我們總在這片林中迷途，其實我們大可豁達些，因爲我們自有廣闊的天空可以仰望，有堅實的大地可以站立，有一顆真摯的心可以憑依。

在名利的褒獎時，應「寵爲下」，心生自省，提醒自己不斷努力。如果遇到輕視、誤會、污辱，不要充滿怨恨和敵視，要好好地靜心檢視自己行爲和內心。盛衰何常，強弱何在。這樣就可以寵辱不驚。

孟子曰：「有不虞之譽，有求全之毀。」意思是，有意料不到的讚譽，也有過分苛求的詆毀。一般人總是聽到別人的讚譽就高興，聽到別人的詆毀就生氣。可是詆毀也是人之常情，也是完全可以理解的，不必太在意。

《菜根譚》曰：「醲肥辛甘非真味，真味只是淡；神奇卓異非至人，至人只是常。」意爲：烈酒、肥肉、辛辣、甘甜並不是真正的美味，真正的美味是清淡平和的；行爲舉止神奇超群的人不是真正德行完美的人，真正德行完美的人，其行爲舉止和普通人相同。

即使已身居高位，即使擁有了萬貫家財，即使已聲名遠播，即使的確成就驚人令衆人仰慕，但心裡要記得：自己本是常人，現在依然是普通人。

6 萬事隨緣，不爭不搶

《道德經》有言：「上善若水，水善利萬物而不爭。」水以它特有的柔弱不爭的性格，哪裡低就流到哪裡，隨方就方，隨圓就圓，無私地澆灌萬物，供人們利用，福育人和萬物生長。從未有自恃、自是、自我、自矜的行爲，可謂至善完美。

南懷瑾說：道家講「清虛」，佛家講「空」，空到極點，清虛到極點，這時候的智慧自然高遠，反應也就靈敏。人要像水一樣與物無爭，與世不爭，那便猶如天地之道的似乎至私而其實無私的妙用了。

有一個僧人，雖然在修行禪道頗下苦功，但始終不得入門，眼看著許多比他還要晚入門的師兄弟對禪都能有所體會，覺得自己實在沒有資格學禪，心想自己還是做個行腳的苦行僧算了。於是僧人就打點行李，計畫遠行。臨走時，便到法堂去向師父辭行。

僧人稟告道：「老師！我辜負您的期望，自從皈投在您座下參禪已有十多年了，可是對禪仍是沒有什麼領悟。我想我實在沒有學禪的慧根，今向您辭行，我將雲遊他方。」

師父驚訝地道：「為什麼沒有覺悟就要走呢？難道到別處就可以覺悟嗎？」

僧人誠懇地道：「我每天除了吃飯、睡覺之外，都盡心於道業上的修行，卻遲遲不見成效，反觀那些師兄弟們一個個都能有所領悟。在我內心的深處，已經萌發一股倦怠感，我想我還是做個行腳的苦行僧吧！」

師父聽後開示道：「悟，是一種內在本性的流露，是學不來也急不得的。別人是別人的境界，你修你的禪道，這是兩回事，為什麼要混為一談呢？」

僧人道：「老師！您不知道，我跟同參們一比，立刻就有小麻雀對大鵬鳥的慚愧。」

師父裝著不解地問道：「怎麼樣的大？怎麼樣的小？」

僧人懊惱地答道：「大鵬鳥一展翅能飛越幾百里，而我只囿於草地上的方圓幾丈而已。」

師父意味深長地道：「大鵬鳥一展翅能飛幾百里，牠已經飛越生死了嗎？」

僧人聽後默默不語，若有所悟。

《三國演義》中的周瑜，年紀輕輕便爲江東大都督，執掌江東六郡八十一州的兵馬，可謂少年得志，赤壁之戰統帥吳蜀聯軍大敗曹魏，風頭一時無兩，但就因爲爭強好勝，與諸葛亮鬥氣，被諸葛亮「三戲」，最後落得個吐血身亡。

吳承恩的《西遊記》中有這樣一首詩：「爭名奪利幾時休，早起遲眠不自由。騎著驢騾思駿馬，官封宰相望王侯。只愁衣食耽勞碌，何怕閻君就取勾。繼子蔭孫圖富貴，更無一個肯回頭。」貪心似乎是與生俱來的，大多數人活著的時候都在追求物質，貪圖利益，擁有了還想有，得到了還盼望。舊的換成新的，新的又換成時尚的，時尚的還想換成高檔尊貴的，一換再換，一新再新，人心卻變得越來越不知足。

當然，不爭並不是讓你不去奮鬥，而是要明白凡事有度，萬事隨緣，適可而止！

「人中呂布，馬中赤兔」是人們對於呂布的褒獎。可是最終呢，呂布雖有一身的本領，但是卻全無禮儀廉恥之心，為求榮華富貴，什麼背信棄義之事都能做得出來。

呂布本是丁原的義子，董卓禍亂京師的時候，丁原出兵討伐，以呂布為先鋒，將董卓打得節節敗退。

董卓的手下有一個人與呂布相識，素知呂布的為人，於是向董卓建議，讓他許呂布以榮華富貴，並將赤兔馬送給呂布，這樣必然能讓呂布倒戈。果然呂布得到赤兔馬後，就倒向董卓，將義父丁原殺死。

司徒王允眼看漢室天下要淪喪於董卓之手，想要將董卓除去，無奈董卓勢力龐大，且有呂布隨身護衛，難以暗殺。曹操曾經暗殺董卓沒有成功，董卓必然防備更加嚴密。於是王允定下一計，使得呂布再次出賣董卓。

王允有一義女貂蟬，生得花容月貌，王允故意將之許給呂布，呂布大喜。繼而再將貂蟬送給董卓，然後告訴呂布，董卓強行霸佔貂蟬。呂布果然大怒，將董卓殺死。

王允被殺之後，呂布到徐州去投劉備，卻趁機將徐州據為己有。最後呂布敗於曹操之手，呂布想向曹操投誠。有了前車之鑑的曹操不敢收留他，將他殺死。

「命裡有時終須有，命裡無時莫強求。」我們並不是不信命，因此我們會爲了自己的理想而奮鬥，但是當我們的奮鬥不能換來想要的結果時，我們應該保持冷靜，以平淡之心看待這一切。強求是不會有好結果的，害人終害己，我們不能以犧牲別人的利益爲前提謀取自己的利益，否則，在別人的反戈一擊之下，自己也不會有好結果。更何況螳螂捕蟬，黃雀在後，我們焉知不會有其他人以同樣的方式對待我們。

世間萬物我們能得到的就是有緣，不能得到的就是無緣。緣起緣滅都是有定法的，爲何非要強求呢？不爭不搶，過著與世無爭的生活，不是另有一番滋味嗎？何苦非要與別人爭來搶去，爭到最後，失去了朋友，失去了親人，失去了人一生最寶貴的東西，即使最終得到了也沒有意義。

第五課

追名逐利，
要在恰到好處時知止

1 君子愛財，取之有道

南懷瑾說，一個人開始對功名富貴不動心還比較容易；但是當功成名就時還能不動心，那就很難了。人在功名成就、躊躇滿志時，就會以爲自己最偉大，這一念就是動心。所以唐末詩人有一首詩說：「冥鴻跡在煙霞上，燕雀競誇大廈巢。名利最爲浮世重，古今能有幾人拋。」

世界上的人都看重名利，從古到今能夠有幾人把名利放棄不要的？世人多爲燕雀，一旦有一個很好的機會，就會移地去棲身托命。適者生存是自然法則，違背法則處世，到頭來只能孤苦無依。不妨選擇君子愛財，取之有道。

「君子愛財，取之有道」中的「財」，必須來得正。取財的方法自然有多種，有巧取的，有豪奪的，有欺騙的，有訛詐的，甚至還有殺人越貨的，這些多爲不義之財，或者叫做取之不「道」。東漢太守楊震，部下故人夜懷十金來行賄，被他嚴辭拒絕。部下故人卻說：「暮夜無人知曉。」楊震說：「天知、神知、我知、子知，何謂無知？」不義之財不取，不當之才不得。

賺錢時心裡乾淨，花錢時心裡才能清靜，才對得住自己的良知。什麼是良知？明代有這樣一個故事：

王陽明的弟子有天夜裡捉到一個小偷，便對小偷說人要講「良知」。那小偷呵呵笑了：「請問，我的良知在哪裡？」

當時是夏天，王守仁的這個弟子讓小偷把外衣脫掉，隨後又讓他把內衣脫掉，小偷都照辦了。接下來他讓小偷把褲子也脫掉，小偷這時有些猶豫，說：「這恐怕不妥吧。」

王陽明的弟子便對小偷說：「這便是你的良知！」良知是什麼？良知就是人來自於直覺的認識。明知是錯的還要去做，就是不講良知的表現。

《大學》中說：財富，只要有德行，它就自然會聚集到你身邊來。德是本，財是末，財不聚集，是可恥的事，聚集後不知散財，也是可恥的事。有的人不明此理，所以往往不擇手段聚財，最後東窗事發鋃鐺入獄，最終也未和財神爺結緣。

2 幸福無關貧富

孔子說：「飯疏食飲水，曲肱而枕之，樂亦在其中矣。」意思是：吃粗糧，喝白水，彎著胳膊當枕頭，樂趣也就在這裡了。

南懷瑾認爲，人人都希望過上幸福快樂的生活，而幸福快樂是一種感覺，與貧富無關，只與內心相連。

《論語》中，子貢問老師：「貧而無諂，富而無驕，何如？」

孔子說：「可也，未若貧而樂，富而好禮者也。」

翻譯成白話就是：子貢問孔子，假如一個人很貧賤，但他不向富人諂媚；一個人很富貴，但他不盛氣凌人。這樣的人怎麼樣？孔子說，可以了，不過還不及一個貧窮的人內心有一種豁達的歡樂，一個富有的人卻懂禮儀好。

在森林中的小路上，一個商人和一個樵夫經常相遇。

商人擁有長長的馬隊，一箱箱的珠寶；樵夫每天上山砍柴，背著柴刀和繩子。然而，商人老是愁眉不展，樵夫總是歌聲不斷。

有天，他們一起坐在大樹下休息。

商人嘆道：「唉！真搞不懂，你窮得叮噹響，怎麼還那麼快樂呢？」

「哈哈！」樵夫笑道，「我也不明白，您那麼富有，為什麼還不高興呢？」

商人道：「我雖然富有，但我的家人總是為了錢財爭吵不休，總想擁有的更多，卻沒有一個人為我付出哪怕一丁點兒真情。所以我時常覺得自己一無所有，你說我能快樂嗎？」

「哦，原來是這樣！」樵夫道，「我雖然窮，但我能時時感覺到幸福，所以我很快樂。」

「是麼？那你一定有一個賢慧的妻子。」商人道。

「沒有，我是個光棍。」樵夫道。

「那麼，你一定有一件使自己快樂的寶物？」商人道。

「算是吧。那是一位美麗的姑娘送給我的。」樵夫說。

「哦？」商人驚奇了，「是什麼寶物，令你如此幸福？」

「這個美麗的姑娘從沒和我說過話，每次相遇，她總是匆匆而過。三年前，她去另一個城市生活了。就在她臨上車時，我看見了她含情脈脈的目光，我把這永恆的瞬間珍藏在心裡，足夠我幸福一生了。」說著樵夫又沉浸在幸福之中。

看著無比幸福的樵夫，商人心中說道：「真正的富翁應該是他，我才是個名副其實的窮光蛋。」

金錢的多少只是數字，可我們爲什麼想賺更多的錢呢？是爲了生活的富裕嗎？可爲什麼要富裕呢？我們之所以想有更多的錢，是想擁有更多的幸福和快樂。歸根究底，人們最終在追求的是生活的幸福，而不是有更多的金錢。

許多「巨富」駕著享樂的小船企圖上岸，結果只能是沉入抑鬱和重壓的河底。其實，我們的內心就有一座美麗的彩虹橋通往對岸，卻常常被人們忽視。坐在船裡的「巨富」常常心裡會縈繞著這樣的疑問：賺了錢就一定幸福嗎？爲什麼我這麼有錢卻仍然不堪重負？賺錢到底爲了什麼？

心理學家認爲：「對幸福來說，物質主義是一種毒品。」幸福的人以家人、朋友爲中心，而那些不幸福的人在生活中，時不時地冷落了這些東西，他們就只能和孤單作伴了。

3 蠅頭小利的背後是磨刀霍霍

南懷瑾在《老子他說》中寫道：「管仲所說的『非故且爲之也，必少有樂焉，不知其陷於惡也』的意義，就是指只見日前的小利，而不計後果的大惡。」

縱觀古今，因貪圖蠅頭小利而引火焚身的事例不勝枚舉，故事的主人公小則失財，大則丟命。小便宜就是騙局華麗的外包裝，具有極強的誘惑力，就跟魚餌一樣噴噴香，很能吸引人的注意力，讓意志薄弱者難以拒絕。可包裝裡面究竟藏著的是什麼呢？誰打開誰知道，誰吞到肚裡誰知道滋味，很可能就是一個好大的「虧」。

無論在什麼地方，不管在什麼層面上，「吃人家的嘴軟，拿人家的手短」是放之四海皆準的道理，如果不想成爲上當的受害者，只要堅持「不貪小便宜」的原則應該就可以了，這樣至少不會上大當，不會吃大虧。

或許有人會問，不貪小便宜就不會上大當，那麼，要是貪到大便宜呢，是不是就談不上吃虧了？其實，社會的規則是公平交易，世上幾乎就沒有什麼便宜的事情，要是有人老是碰上便宜沾到光，也許是某種幸運，也許是吃了暗虧自己還不清楚。

再說，便宜與吃虧都是相對的，一些人眼中的便宜在另一些人的眼中可能就不是便宜，一些人眼中的吃虧在另一些人的眼中可能就不爲吃虧。還有，上當受騙表現爲「虧」遠遠大於「便宜」，要是在「虧」不變的情形下放大「便宜」，直至與「虧」相等，也就沒有上當受騙一說了。

唐朝有個人叫裴度，這個人長相非常難看，幾次考科舉都考不取，窮困潦倒。

有一天有個看相的人給他看相，看了以後大吃一驚，他說：「哎呀裴度，今天午夜時分，就是你的死期，你今天就要死了！」

看相的接著說，「你的相實在太差了，我也不要你的看相錢了。」

裴度想想，反正要死了，他又沒家，山神廟是他的寄居所，於是就躺在山神廟裡等死。他躺在香案上，感覺身子下面有東西，他在香案底下一摸，摸到一串玉片，是很有價值的一條玉帶。

他想，這肯定是有錢人放在這裡的。於是就跑到廟外去找，結果正好看到一個小姐正急急忙忙找玉帶，她說她要拿玉帶去換錢，救自己的父親。裴度聽後就把玉帶交還給她，小姐千恩萬謝，要給他報酬，他卻什麼都不要。

正在說話間，忽然轟然一聲響，那個山神廟塌下來了。裴度心想，如果他不是為了追尋失主跑出來的話，他就被砸死在裡面了。

第二天，看相的又看到裴度，驚道：「怎麼一個晚上你面相大變？現在我怎麼看你，你都福分高得不得了，你將來可以當宰相。」

後來他果真做了宰相。

俗話說，「做人就應該能吃虧，能吃虧自然就少是非。」從人的本性來說，幾乎每個人都是愛佔便宜的「便宜蟲」，幾乎每個人都希望能占點小便宜，這並不意味著人們沒有這些小便宜就沒法生活了，恰恰相反，這些小便宜對絕大多數人甚至是可有可無的。

很多人獨自面對小便宜時能做到不占小便宜，但是看到別人都在占小便宜時，自己心裡就會不自覺的也想加入其中。雖然眼前你付出的要比別人多，而得到的卻又比別人少，從表面上看可能是吃虧了，但是誰工作幹得多，誰的能力強，領導心中自然有數。若是將來有一天單位優化組合，想必哪個領導也不會讓勤勤懇懇幹工作的人下崗，而把那些吃飽了混日子的人留下來。

爲人處世，與其冒著因小失大的風險而去貪圖一些小便宜，不如學會吃些小虧。自己吃些小虧，對別人來說就是個小便宜，日後對你來說說不定是個「大得」。

4 知足的人最富有

南懷瑾曾說：「雍正對滿族旗人的貪婪和腐敗的態度，正如他祖先皇太極當年所說的『諸姑格格等，皆以貪得爲心』，必須做出處置。因此，他即位以後，立即雷厲風行，毫不留情地先從宗室動手整頓。接著，就是清理八旗子弟的遊惰和貪瀆。」

結果，清朝的國庫充足了，貪污犯罪的官吏傾家蕩產了。這是爲政一方對貪婪的懲罰，貪婪到最後，終將糧盡財空。

有一位商人，曾通過朋友關係約到了南懷瑾，席間他接二連三地向南懷瑾請教問題，最後南懷瑾把臉一沉，厲聲說道：「吃茶去！」所謂「吃茶去」是佛家禪語，就是讓你自己去悟其中的道理。

過了一會兒，南懷瑾才緩色道：「你沒完沒了提的問題，其實就是一個，我早就回答你了，你還不明白，還變著花樣不停地問我，你就是想魚和熊掌兼得，我告訴你，在這個世界上，不可能！」

南懷瑾的話可謂直指人心，煩惱每從「貪」起，貪到最後只能害了自己。

和珅為人十分精明，二十三歲的時候，進入了皇上的儀仗隊擔任侍從。由於他懂得利用機會，在乾隆面前展示自己的才學，終於在四年後當上了大臣。自此，和珅走上了不顧一切的斂財之路。他一面逢迎乾隆皇帝，保證寵愛，一面利用權力瘋狂謀利。在和珅專權二十餘年，他不斷擴充勢力，大肆聚斂錢財，貪盡天下財富。在官場浮沉數十年，以乾隆為靠山，多次化險為夷。

乾隆死後，他即被嘉慶帝賜死，結束了罪惡的一生。

在和珅自縊之前，寫下了一首絕命詩：「五十年來夢幻真，今朝撒手謝紅塵。他日水泛含龍日，留取香煙是後身。」和珅死時正好五十歲，正如詩所言，一生斂聚的財富只是過眼雲煙，最終也被自己的貪婪害死。

俗話說：「人心不足蛇吞象。」人的私欲不能打開缺口，一旦潰堤，嘗到了甜頭，就再難回頭。現代人，常常難以自安，因爲幻念無窮無盡，欲望無際無涯。所以，難以享受到這樣的感覺——自己的生命如江面一葉扁舟，上面無所承載，無欲望之沉重，隨心而行，輕鬆逍遙；相反，人們的心靈附帶和承載的東西太多，就如雙溪舴艋舟，載不動，許多愁。究其原因，就是沒有一顆知足的心。有了貪念，就永遠不能滿足，不滿足，就會感到欠缺。

面對現實，人們看到不少鋌而走險而落得身敗名裂的人。正是因爲欲壑難填，貪得無厭，他們才會走上犯罪的道路。看到這些人的犯罪事實，很多人都會由衷感嘆說：「要是他早一點醒悟，大概也不會走到這一步了！」可一旦受到貪欲支配，又哪裡會知足，哪裡會收得住手呢？

美國作家愛默生說過：「貧窮只是人的一種心理狀態，正因爲你自己覺得窮，所以不能富足。」只有學會知足與珍惜，才能發現心中的快樂，遠離沮喪和埋怨。

有一大戶人家。夫妻二人閒來無事，就打賭，丈夫說：世間人該有知足的。

妻子說：我看沒有這樣的人。

丈夫來到一座橋上，就聽到有人唱：「有稀又有乾，吃得冒熱汗，人要能知足，活過天上仙。」丈夫於是把此人領回家裡，告訴家人，就叫他「知足」。從此知足衣食不愁。

轉眼一年過去了，知足仍是無欲無求。

丈夫對妻子說：如何？

妻子道：我看不一定吧。心想：世間有酒、色、財、氣，我就不信一樣他都不愛？於是，妻子在家裡的丫頭裡選了一位叫臘梅的，這丫頭模樣身材都很出眾，又善解人意。妻子對她如此這般的教了一通，就讓她盯著知足。

每天臘梅處處不離知足身邊，開始知足還真挺住了，不過英雄難過美人關，春去夏走秋來到，知足到底還是上了套。此時妻子拉丈夫去看知足的作為，丈夫無言以對。

第二天丈夫把知足叫來，讓他去一趟江南找一位親戚，給他拿了足夠幾個月的路費和一封信，說找不到不許回來。

知足到了江南，找遍了各個地方就是沒有那個親戚。路費花光了，只好重操舊業，開始要飯。一個深秋，知足來到一座破廟裡避風雨，這時他想起那封信來，想到自己現在又是要飯的，也回不去了，不如看看信裡寫的是什麼。

知足打開一看，是首詩：「知足老爺戲臘梅，忘記橋下那堆灰，江南無有親娘舅，送君千里永不回。」此刻知足才明白東家的用意！

一個人知道滿足，心裡面就時常是快樂的、達觀的，這有利於身心健康。相反，貪得無厭，不知滿足，就會時時感到焦慮不安。用叔本華的觀點來說，就會使人生在慾望與失望之間痛苦不堪。

古人的「布衣桑飯，可樂終身」是一種知足常樂的典範；「寧靜致遠，淡泊明志」中蘊含著諸葛亮知足常樂的清高雅潔；「採菊東籬下，悠然見南山」中盡顯陶淵明知足常樂的悠然；沈復所言「老天待我至爲厚矣」表達著知足常樂的真情實感。更多的時候，知足常樂是融合在平平淡淡才是真的意境中。知足常樂，是一種人性的本真，無論行至何方，所處何位，知足常樂永遠都是情真意切的延續。

5人生應自持，毀譽不動搖

子曰：吾之於人也，誰毀誰譽？如有所譽者，其有所試矣。斯民也！三代之所以直道而行也。意思是說，我對於人，毀譽都不計較，如說某人好，某人壞，很難定論。夏、商、周三代的古人不聽這些毀譽，取直道。假使不走直道，隨毀譽而變動，則不能作人。

南懷瑾說：「我的體驗就是，不要輕易攻訐人，也不要輕易恭維人。人很容易上恭維的當。但是我總覺得恭維人比較對，只要不過分的恭維。對於自己要看清楚，沒有人不遭遇『毀』的，而且『毀』遭遇的更多，任何一個宗教家，都不能避免『毀』。像耶穌被釘十字架而死，就是因爲被人『毀』。而且越偉大的人物，被毀得越多，所以說『謗隨名高』。一個人名氣越大，後面譭謗就跟著來了。」

生活中，越是事業有成、德高望重的人越容易遭遇譭謗。如果一心要理論清楚，還自己清白那就太累了。同小人怎能夠理論的清楚呢？所以不必太過認真，更不能因爲一時的不忿而影響了長遠的追求。

一個年輕人千里迢迢來見菩薩說：「我從來不傳流言蜚語，不惹是非，但不知為何，總有人惡言誹謗我，蜚語詆毀我，求菩薩指點。」

菩薩微微一笑，帶年輕人走到小溪邊，順手從菩提樹上摘下一片菩提樹葉，又吩咐小童取來一桶一瓢，年輕人不解。

菩薩手拈菩提樹葉丟進桶中，從溪裡舀起一瓢水，將水澆到桶中的樹葉上，樹葉在桶中激烈地蕩了蕩，然後便漂在水面上。

菩薩又舀起一瓢水，兜頭澆到桶中的樹葉上，樹葉晃了晃，還是漂在桶中的水面上。

菩薩接著舀起一瓢瓢的水澆到樹葉上，桶裡的水不知不覺就滿了，那片菩提樹葉也終於浮到了桶面上，翠綠的葉子像一葉小舟，在水面上輕輕地蕩漾著，晃動著。

菩薩望著樹葉感嘆說：「再有一些水就更妙了。」便又舀起兩瓢水澆到桶中的樹葉上，桶水四溢，把那片葉子也溢了出來，漂到桶下的溪流裡，樹葉就隨著溪水悠悠地漂走了。

菩薩說：「流言好比水，陷阱好比深木桶。容得下冷水，才能借冷水的力量沖出深木桶。」

年輕人大悟。

日常詆毀的人大致可分爲三種：一種是無法控制自己的言語和習慣的，所謂的「刀子嘴，豆腐心。」本身沒有惡意，只我們有時聽著覺得有惡意。二是有些人沒有自信，嫉妒別人，若不在背後說你的壞話，就不能顯示出他比你高明，不能襯托出他的優越。三是有利益衝突，他要從中挑撥，漁翁得利。古人對待這三種詆毀，都是淡然處之。

寒山子問拾得：「世間有人謗我，欺我，辱我，笑我，輕我，賤我，我當如何處之？」

拾得曰：「只要忍他，讓他，由他，避他，不要理他，再過幾年，你且看他。」

《莊子》說：「舉世譽之而不加勸，舉世毀之而不加沮。」真的大聖人，毀譽是不能動搖的。即使世間的人都恭維他，他也不會動心；稱譽對他並沒有增加勸勉鼓勵的作用。本來就要做好人，再恭維他也還是做好人。即使世人要譭謗他，也絕不因毀而沮喪，還是要照樣做。這就是聖人境界。

6 功成、名遂、身退

南懷瑾常說，功成則身退。他這一生，每次均在仕途最高峰時選擇了退隱。

青年時期，他組織自衛團，擔任總指揮。獨自去說服當地擁有三千多人的土匪，收編爲他的地方團隊，使隊伍人數達三萬多人。在完成自衛隊的建立後，帶著兩個衛士離開了總指揮的位子。後來，他在成都中央軍官學校擔任政治指導員，同時教授政治學。在中央軍校任教期間，他發現自己實際上是在破壞教育，而不是在建設教育，所以他在中央軍校任教兩年後就辭去教職。

老子說：「揣而銳之，不可長保。」是說一個人手中的那把武器已經很鋒利了，但越鋒利，鋒刃就越薄，遇到稍微堅硬一點的東西就砍缺了，所以不能長久保持這種鋒利。一個人對權勢和財富等，都要有所克制，自保自持。有權勢之人要懂得急流勇退，這才是人生進取和明哲保身之道。

越王滅吳以後，勾踐循吳王夫差故轍北進，大會諸侯於徐州，一時號稱霸主。勾踐的霸業，與范蠡、文種的忠心效勞、協力深謀是分不開的。

徐州會盟後，范蠡便擔任上將軍這個最高軍事指揮職務。

范蠡覺得自己的地位太高，大名之下不宜久留，於是班師回國後，向勾踐寫了一封辭職書說：「臣聞主憂臣勞，主辱臣死。當年主公在會稽受辱，我沒有殉國，是為了滅吳報仇，今既已雪恥，我請求接受在會稽時應得的懲罰。」

勾踐看了范蠡的辭職書，先安慰他說：「回去後，我把越國分給你一半。」接著又威脅范蠡說：「如果不聽我的話，就殺掉你。」

范蠡心裡想：「你按你的權力行事，我按我的意願行事。」晚上，范蠡收拾了細軟珠玉，帶著家眷和隨從人員不辭而別，乘船漂海而走，再也沒回來。

范蠡逃到齊國後，立即派人給在越國擔任相國的文種送去一封信。

范蠡和文種都是楚國人，年輕時就是好友，後來兩人都到了越國，在勾踐手下共事幾十年，互相支持幫助，感情更加深厚。

范蠡在信中說：「飛鳥盡，良弓藏；狡兔死，走狗烹。越王這個人可以共同患難，不能共安樂，你為什麼還不離開呢？」

文種因為捨不得相國這個高官厚祿，所以仍然待在越國。

不久就有人在勾踐面前進讒言，誣告文種要作亂。原來，勾踐在報了會稽之仇，並完成霸業後，就開始妒忌和畏懼文種的才能，他聽到讒言，便隨函賜給文種一把利劍。

只見勾踐信中寫道：「你教寡人伐吳七術，寡人只用其中三種就滅了吳國，還有四種你掌握著，請你用那四種到地下去為先王效勞吧！」

文種長嘆一聲說：「真後悔沒聽范蠡的話。」於是引劍自殺。

范蠡到齊國定居後，改名換姓，沒有幾年，家財聚積幾十萬，成為當地有名的巨富。齊國國君聽說他很有才能，就任命他為相。

范蠡感慨地說：「我在家從事生產能夠積攢千金，做官能夠做到上卿相這樣的高位，本來是平民百姓的我，算是達到頂點了。久受尊名，這對自己並沒有好處。」於是他把相印交給齊君，又把自己的財產全部分給好友和鄉里人，只帶著少數貴重珍寶，和家裡人默默地離開這個熟悉的地方。

范蠡帶著全家到了陶，自稱陶朱公。幾年之後，又積累了百萬家財，成為天下巨富。

曾國藩也是一位急流勇退的人。到達天京以後，在奏摺中向清廷表示，「臣統軍太多，即撥裁撤三四萬人，以節靡費」。曾國藩裁撤湘軍的表面原因是湘軍已成「強弩之末，銳氣全銷」，而時人卻認爲這完全是藉口，其實是爲避鋒芒。

爲官要做到胸中有數，不要貪戀功名利祿，不要做無準備之事；要能隨機應變，隨勢之遷而調整。千萬不可一股勁猛進，猶猶豫豫也不可取，應當知進知退，有張有弛，居安思危，這才是爲官之道。

「持而盈之，不如其己。揣而銳之，不可常保。金玉滿堂，莫之能守。富貴而驕，自貽其咎。功遂身退，天之道。」這段精闢的論述，既是道家宇宙觀的哲理，又是古代社會仕宦生涯的總結，爲許多得道之人採納躬行。

「功遂身退，天之道」。欲望總是會給我們造成某種假象，使原本清醒的你不知不覺中陷入自己設下的圈套。敢於放棄名利，急流勇退的做法會讓我們避免接踵而來的麻煩。

第六課

淡如水的友誼更長久

1 朋友在精不在多

南懷瑾說：「有兩個好朋友又是同學，其中一個當師長。當他要交卸這個師長職位的時候，上級決定由他的同學來接他的位置，可是他極力反對。有人就問他爲什麼這樣不幫同學好友的忙，他說我不願害自己的同學好友，如果他來接我的事，依他的個性，結果一定會弄到坐牢。最後事實證明，果然如此。朋友能夠交到這樣，談何容易！」

有一次莊子去給一位朋友送葬，經過惠子的墓地，不禁對跟隨的人說：

「有個泥水匠，他的鼻尖上沾上了一點白灰，這點白灰薄得就像蒼蠅的翅膀。這樣一點白灰在鼻尖上雖不礙什麼事，卻也不怎麼雅觀。泥水匠就叫他的好友木工師傅匠石替他把白灰削去。

匠石很高興地答應了，說話間便提起斧頭，用力揮起，呼地一陣風響，泥水匠站著一動不動地讓匠石砍削，斧頭刃口過去，鼻尖上的白灰盡數削去，鼻子卻完好無損，泥水匠依然若無其事地站在那兒，臉色未變，心也沒狂跳。

宋國的君主聽說有這奇事，便召見匠石，叫他試著表演一次。

匠石回答道：『我確實能用斧頭削掉鼻子上的石灰，但我的那個朋友已離開人世，所以現在我無能為力了。』」

莊子講到這裡，長嘆一聲說：「自從惠施老先生過世以後，再也沒有能和我一起深談的人了。」

交友之難，難在何處？明代名士蘇竣把朋友分爲四類：道義相砥，過失相規，畏友也；緩急可共，死生可托，密友也；甘言如飴，遊戲征逐，昵友也；和則相攘，患則相傾，賊友也。」「道義相砥，過失相規」列爲交友的最高層次，是頗有見地的。人不可能永不犯錯誤，免不了要做出違背「道義」的事，這時能出來「相砥」「相規」指正你、批評你甚至不惜與你臉紅的人，才是真朋友。以心相交、生死與共的是「密友」。互相吹捧、只講吃喝玩樂的是「暱友」；以利取人、朋友遇到困難或不幸時非但不伸手相助反而落井下石的就是「賊友」。

可從古到今，無論哪個層次的人們，在主觀意識裡都能劃清「益友」和「損友」的界限，也都明白交「益友」的好處和交「損友」的害處。但是在實際生活中，很多時候往往分不清良莠，辨不明是非，尤其是當手裡掌握一定權力以後，這方面的審視力、判別力似乎就更差了。

人們常說：「朋友滿天下，知心有幾個」。況且，一個人的精力是有限的，如果不加選擇，一味地以多結交朋友爲榮，則會整日忙於應酬，把大部分精力都放在與朋友的周旋上，必然影響正常的工作、學習和生活。

在社會上，確實有這麼一種人，以廣泛結交朋友爲榮，可以說三教九流，無所不交。嚴格地說，這不是在交朋友，只不過是不負責任的一般交際行爲。真正的朋友不在於相互利用，而在於與有共同的志向和思想，在於互相幫助，使生活增加樂趣，讓友誼爲你的生活再增加一些光彩。

魯迅說：「人生得一知已足矣。」人的一生，本來就不可能交到太多的朋友，友多或濫。以心交友，得到的是真朋友；以勢交友，得到的是僞朋友；以權交友，得到的是禍朋友。真朋友會一生相助，患難時刻見真情，富不增欲，貧不念棄，相信相誠到永久。僞朋友看中的是財勢、是利益、是私心，始於觥籌交錯，密因互爲有用，利益不均時自然分崩離析，個中難見真情感。禍朋友則更爲可怕，他們因權而來，因權而聚，心懷不正，唯利是圖。你有權時他們想法接近，竭盡巴結逢迎，無權後就難見蹤影，早已另攀新貴。你們的情感隨著權力升降，親疏全憑權力衡量，權力僅僅是這種人心中的「佛龕」。

2「比而不周」的錯誤交友觀

子曰：君子周而不比，小人比而不周。南懷瑾解釋說，周是包羅萬象，就是一個圓滿的圓圈，各處都能包含到。他說一個君子的爲人處世，對每一個人都是一樣，不是說對張三好，對李四則不好，這就不對了，這就叫比而不周了。你拿張三跟自己比較，覺得合適，就對他好；不大同意李四這個人，就對他不好，就是「比」。

南懷瑾認爲：一個大政治家是和宗教家一樣的，愛人是不能分彼此的，我們對於人，好的固然好，愛他；但對不好的更要愛他，因爲他不好，所以必須去愛他，使他好。這樣才是一個真正的大政治家，也就是宗教家、教育家的態度，這就是「周而不比」，要周全，不能比附一方。

「比」是什麼呢？我們知道中國字，古寫的篆文比字，是這樣寫的，兩個象形的相同「人字」，同向一個方向；而古文北字——就是相背、各走極端的象形字。所以「比」就是說要人完全跟自己一樣，那容易流於偏私。因此君子周而不比，小人呢？相反，是比而不周，只做到跟自己要好的人做朋友，什麼事都以「我」爲中心、爲標準，這樣就不能夠普遍。

北宋大文豪蘇軾便是一個「周而不比」的君子。他和王安石私交不錯，但由於感覺到了新政的種種弊端，所以在王安石變法、主持慶曆新政時，他沒有為了自己的私利而盲目支持，導致被貶黃岡。

後來新政失敗，王安石罷相，司馬光等一系舊黨重新掌政。因為他曾反對新政的緣故，被朝廷重新召回，希望他能成為舊黨的骨幹。不過蘇軾卻是個有原則的人，雖然新政有著種種紕漏，但舊黨的一些做法，一樣讓他覺得不合時宜，他並沒有因為王派對他的政治打擊，就全盤否定新法的作用。這又惹惱了當時的當權者，所以不久之後，他再度被貶。

有智慧的人在與人交往時，往往能夠做到一視同仁，無論對方薪資高低，地位輕重。而生活中常常又有這樣一群人，他們交朋友「比而不周」，總是有目的、有選擇性的交朋友。他們會根據自己的喜好來交朋友，比如興趣相投；或者結交老鄉，或者專門結交上司、地位高的，通過這種方式企圖讓自己提升得更快一些；而對於一些比他「差」的根本瞧不上眼，這就是一種「比而不周」的交友觀念。

「周」乃有原則地結交，而「比」則是無原則地勾結。孔子爲我們列出了一條戒律：交友要有原則，不能濫交朋友。交朋友雖要一視同仁，但是也不能什麼朋友都交，孔子說：「益者三樂，損者三樂。樂節禮樂，樂道人之善，樂多賢友，益矣。樂驕樂，樂佚遊，樂晏樂，損矣。」所以對於一些阿諛奉承、不務正業、善於拉幫結派的人我們最好敬而遠之，因為別人會通過你的朋友圈來判斷你的為人，也就是「近朱者赤，近墨者黑」。

另外，「損友」往往會給你帶來一些不必要的麻煩事，有很多人並不知道什麼是交朋友，只知道在一起吃喝玩樂，這樣的朋友無疑會拖累你的腳步，甚至讓你也滑向不思進取的深淵。

一旦我們選擇了「比而不周」的價值觀，就意味著我們的朋友圈大大地縮小。更重要的是我們難以從朋友的身上吸取新的觀念和思想，難以拓展我們的視野。在彼此認同的環境中，我們就會逐漸讓自己妥協，逐漸喪失尋求進步的動力。

一個對自己有益的朋友圈，應該是由不同領域的人組成，充滿討論和爭辯聲音的朋友圈。我們只有在這種觀念不斷碰撞的過程中，才能尋求到有益的資訊。因此，「周而不比」是擇友的前提。

交朋友不能把交朋友牽扯進「利益、升遷」等等事情當中，劉禹錫在《陋室銘》中寫道：「談笑有鴻儒，往來無白丁」，所以交什麼樣的朋友很大程度上決定了我們的人生志趣，另外無論我們的地位高低，只要善於發現對方的優點，那麼任何人都可以成為我們的朋友。

3 別奢求改變對方

子曰：「君子不重則不威；學則不固；主忠信；無友不如己者；過則勿憚改。」意思是，君子如果做事輕率不厚重，就會失去威信；要堅持學習，不閉目塞聽；以忠誠、守信爲做人的準則；不與不如自己的人交朋友；犯了錯誤，不要害怕它，及時地改正它。

上面這段是對孔子這句話的傳統解釋，不過對於「無友不如己者」這句，向來都有很大的爭議。「不與不如自己的人交朋友」這句話與儒家一向將「謙遜」奉爲信條的價值觀明顯不合，這句話顯然與孔子的爲人準則是相違背的。

著名哲學家李澤厚在他的《論語今讀》裡說，用邏輯中的歸謬法就沒法解釋這句話，每個人都要跟比自己強的人交朋友的話，那從邏輯上來講就沒人能有朋友了。所以，他一直將這句話視爲《論語》中的糟粕。

南懷瑾先生對於這句話倒是給出了不同的見解，他說：「『無友不如己者』並非指不要與不如自己的人交朋友，而是說不要看不起任何一個人，不要認爲任何一個人不如自己，你身邊的每一位朋友都有他的過人之處。」

人與人相交，各有各的長處，他這一點不對，也許另一點會是對的。有句話說得好，

「不因其人而廢其言，不因其言而廢其人。」這個傢伙的行爲太混蛋了，但有時候他說的一句話，確實很有道理，這時就不要因爲他的人格有問題，或者對他的印象不好，而對他的好主意，硬是不肯聽，那就不對了。

南懷瑾先生的這個解釋看似與原文有些脫節，但深刻理解，就會發現，這正符合孔子「謙遜」的處世標準，與「三人行必有我師」之說正好前後呼應。

有個學生，智商低，成績差，經常遭到老師的批評同學的嘲笑，被人們稱為「傻子」。到高二時，這位十六歲的少年因為成績太差，被學校勸退。回到家，父母暗自嘆惜，卻也無可奈何。但是人總要生活，所以他只好出去找工作，可是沒有人願意聘用他，因為他人傻、學歷低，也沒有任何工作經驗。

有一天，求職再次遇挫的他，情緒低落到極點。沉浸在痛苦中的他不知不覺地走進了一個公園，他坐在一塊石頭上抽泣。這時候，一位老人向他走來，並主動和他搭話。他停止了哭泣，看了一眼這個老人，他注意到眼前的這位老人是一位殘疾人，瞎了隻眼睛，少了一隻胳膊，裝了一條假腿。

望著眼前這位可憐的老人，覺得他應該會是自己的一個真實的聽眾，所以就把自己學業失敗和求職不順的遭遇全告訴了這位老人。老人沒有馬上答話，而是吹起口哨，沒有想到的是，周圍的鳥兒聽到優美動聽的哨聲，竟然從四面八方聚攏過來，落在老人的肩上和附近的樹上。哨聲悠揚悅耳，鳥鳴嚶嚶成韻，哨聲和鳥鳴聲竟然融為一體。

過了一會兒，老人停下來，告訴他：「每個人來到這個世上總有一樣比別人強，我有，你也一定有。」

後來，他以老人的話激勵自己永不放棄，繼續找工作。過了一段時間之後，他終於找到了一份修剪花草的工作，他成了一名園丁。在這裡，他的潛能得到了盡情的發揮，經他整修的園圃別具一格。他的工作得到人們的讚賞。

這個傻少年自從選擇園丁這個職業，他的人生就變得越來越精彩。多年之後，這位少年成為享譽全球的園藝師，他就是加拿大風景園藝家瓊尼・馬汶。

每個人都有自己的長處和短處，我們不能依照自己的標準去要求別人，不能因爲朋友在某一個方面做得不好，就要求一定要做到跟自己一樣。因爲有很多別人可以做到的事情，我們同樣也做不到。

蠍子與青蛙相處了幾年，彼此覺得對方還不錯，就做了朋友。

一天，蠍子對青蛙說：「我想瞭解池塘另一邊的生活是怎樣的，但我不會游泳，我希望你能幫助我。」

青蛙說：「不，我知道蠍子的秉性，如果我讓你爬到我的背上，你一定會在穿過池塘的半路上螫我，這樣我就會被淹死，沒法到達對岸了。」

蠍子回答說：「別傻了，我在你的背上，我要靠你幫忙才能穿過池塘。如果我螫你，我也會被淹死。我為什麼要這樣做？」

青蛙想了想，口氣變得溫和了：「我想你是對的，上來吧。」

蠍子跳上青蛙的背，他們離開岸邊向對岸游去。已經走了一半的路，蠍子都忍著沒有螫青蛙。眼看著就要到對岸了，這時蠍子卻狠狠螫了青蛙一下。

當牠們開始下沉時，青蛙對蠍子說：「你為什麼要這樣做？現在我們倆都要死了。」

蠍子無奈地說：「對不起，我無法克制，這就是我的天性。」

人的內在氣質，是各種複雜因素經過很長時間的積澱而形成的，因此是難以改變的。任何試圖改變別人的活動終究會以失敗告終。在與朋友相交的過程中，那些試圖去改變朋友的人必定是只看到朋友短處而沒有看到長處的人。這樣的人總是好為人師，總是按照自己所設想的理想人格去塑造他人。結果朋友不堪這種無休止的折磨，漸漸離他遠去。

與朋友相交最重要的是改變自己，使自己不斷進步。當我們看到朋友的長處的時候，就會萌生學習的念頭，取朋友的長處，彌補自己的短處，使自己逐漸向著自己的理想人格靠近。而朋友也會不斷吸取你的長處，彌補他的不足。這樣才能體現朋友的意義。

4 適當的距離才是美

南懷瑾認為，朋友之間相處不可過於親密，過密則嫌隙生。適當保持距離，當近則近，當遠則遠，才能讓朋友常伴。

《莊子》云：「夫相收之與相棄亦遠矣，且君子之交淡若水，小人之交甘若醴。君子淡以親，小人甘以絕，彼無故以合者，則無故以離。」的確，真正的朋友並不看重金錢、地位、才華、容貌等外在條件。

范仲淹在做官的時候，認識了年僅二十歲的富弼。范仲淹對富弼大為欣賞，認為他有王佐之才，把他的文章推薦給當時的宰相晏殊，還替他做媒，讓他做了晏殊的女婿。

幾年以後，因為當時在山東一帶多有兵變，有些州縣的長官看見亂兵來攻打不是進行抵抗，而是開門延納，以禮相送。兵變被鎮壓後，朝廷派人追究這些州縣長官的責任。

富弼很生氣的說：「這些人都應該被判處死罪，否則的話，就沒有人再提倡正氣了。」

范仲淹則說：「這些縣官進行抵抗的話，又沒有兵力，只是讓百姓白白受苦罷了，他們這種做法，大概是為了保護百姓採取的權宜之計。」

二人意見不同，爭執起來。

有人勸富弼說：「你太過分了，你難道忘了范先生對你的大恩大德了嗎？你考中進士後，皇帝就下詔求賢，要親自考試天下的士人。范先生聽到這個消息以後，馬上派人把你追回來，還給你準備好了書房和書籍，讓你安心溫習考試，你因此被皇帝賞識，難道你都忘記了嗎？」

富弼回答說：「我和范先生交往是君子之交，范先生舉薦我並不是因為我的觀點始終和他一樣，而是因為我遇到事情都有自己的觀點。我怎麼能因為報答他舉薦我的情意而放棄自己的主張呢？」

范仲淹聽後說：「我欣賞富弼就是因為這個原因啊。」

唐朝名將薛仁貴因功受封後，送禮的人絡繹不絕，他卻只收下普通老百姓王茂生送來的兩罈「美酒」。雖然打開後發現裝的是水，可他一點都沒生氣，並當眾飲下三碗，告訴大家說，王家貧寒，就算送水也是一種真誠的美意，這就叫「君子之交淡如水」。

君子之交淡若水，朋友之情雖清淡卻真實長久。而只看重互利互惠的友誼雖如酒甜卻是虛僞善變的。水，淡且無味，無形無色，清澈透明，能做到淡如水的交情想必定是人生的最高境界。可世人朋友雖多，可真正算得上淡如水的情誼也許是少之又少。有幾人能把這友誼之水把握得恰如其分？冷一度怕凝成冰，熱幾分卻又化成氣了。而水是最原始的形態，如水，便也是朋友之間最初最真的狀態了。

朋友之間不僅在待人接物上要淡如水，在距離上也要該淡則淡。不要太近了，傷了自己和對方。朋友之間物質上的交往是不可避免的，很多人害怕朋友送禮時的笑臉，尤其是重禮，那意味著深厚的友情。如果禮物帶給朋友的是自卑、壓抑或無法回報的沉重，不妨淡一些，讓雙方都自在一些。

人與人之間的交往要留有一定的界限，不要「過度投資」，好事幾乎都被做盡了，也會給你帶來意想不到的結果。對一個有勞動能力、理智健全的人來說，獨立、付出都是內部的需要。人際關係中如果不能相互滿足某種需要，那麼這種關係維持起來就很困難。

心理學家霍曼斯也提出人與人之間的交往本質上是一種社會交換，這種交換同市場上的商品交換所遵循的原則是一樣的，即人們都希望在交往中得到的不少於所付出的。其實不止得到的不能少於付出的，如果得到的大於付出的，也會令人們心理失去平衡。

做事時適當地保持距離，留有餘地，彼此心靈都需要一點空間。如果想幫助別人，而且想和別人維持長久的關係，那麼不妨適當地給別人一個機會，讓別人有所回報，不至於因爲內心的壓力而疏遠了雙方的關係。讓彼此自由暢快地呼吸，給對方喘息的機會，才不會讓對方的心靈窒息。

5 以利交友，利窮則人散

子曰：「放於利而行，多怨！」意思是說，如果一切都依照是否有利於個人私利來行事，就會造成別人對自己的怨恨。南懷瑾將它引申到交友之道上，他說對於朋友，若是以利害相交，要當心，這種利害的結合不會有好結果，最後還是怨恨以終。

現代社會，急功近利者多如牛毛，急公好義者少之又少。很多人都是以利交友，友情的關係網以利益爲基礎。當賴以生存的共同利益不復存在的時候，這張關係網也就隨之破裂。這種不穩固的「朋友關係」相互之間只有利用，自然禁不起風吹雨打；當無利可圖的時候，朋友也就形同陌路了。

桃園三結義、一百零八將、管仲和鮑叔牙他們的關係都是建立在「義」字上的。因此，他們的關係能夠經得住考驗，再多的風雨也不能將他們的關係打破。那種死生相隨的朋友關係是我們現代人難以企及的，伯牙和子期這種以共同愛好建立起來的朋友關係也是我們可望而不可及的。

三國時期，孫劉聯合抗曹，赤壁一戰，曹操七十萬大軍轉瞬化作飛灰，三足鼎立之勢因此而成。而當曹操退守江北之後，孫劉兩家卻因爲荊州歸屬，矛盾漸生，最後刀兵相向。這便是「以利相交」的緣故。細觀孫劉聯盟的原因，就是因爲曹操威脅到了他們的生存，生存便是他們共同的利益。曹操大敗之後，生存的危機解除了，共同利益也就沒有了，這脆弱的利益聯盟自然便土崩瓦解了。

永遠記住這句話：「以勢交者，勢傾則絕；以利交者，利窮則散。」這句話告訴我們的道理就是：如果用權勢去與人交朋友，當權勢傾覆的時候，朋友關係就斷絕了；如果用利益去與人交朋友，沒有利益的時候，關係自然就散了。

管仲，名夷吾，字仲，幼年時，常和鮑叔牙一起遊山玩水，交情深厚，相知有素。年輕的時候，管仲家裡很窮，又要奉養母親。

鮑叔牙知道了，就找管仲一起投資做生意。做生意的時候，因為管仲沒有錢，所以本錢幾乎都是鮑叔牙拿出來投資的。可是，當賺了錢以後，管仲卻用掙的錢先還了自已欠的一些債，到了分紅的時候，鮑叔牙分給他一半的紅利，他什麼也沒說就接受了。

鮑叔牙的僕人看了非常的生氣，就對主人說：「這個管仲真是貪心，本錢拿的比您少，分錢的時候卻拿的比您還多！」

鮑叔牙卻對僕人說：「不可以這麼說！管仲不是個貪財的人，他家裡那麼窮，又要奉養老母，多拿一點又有什麼關係呢。」

管仲也曾從軍出征，在戰場上多次臨陣脫逃。有人便諷刺管仲膽怯，鮑叔牙則極力為其辯解，說這是因為管仲家有老母，需要他孝養侍奉，故不能輕生。

在他們步入政壇後，管仲輔佐公子糾，而鮑叔牙則輔佐公子小白，後公子小白得齊國王位，稱齊桓公，桓公要封鮑叔牙為宰相，但鮑叔牙卻一再推辭，反而推薦管仲，自己則作為管仲的下屬，後來管仲果然助齊桓公成就霸業。

南懷瑾先生將朋友分爲三種，第一種爲利害上的朋友，也就是我們說的利益之交；第二種是經濟上的朋友，我們可以稱之爲通財之宜；第三種是道義之交。利益之交，交情全都繫之於利益，算不上真正的朋友。通財之宜說的就是朋友之間可以互通有無，不計較錢財得失，這是非常難得的。而最可貴的就是道義之交了，相識相交全在本心，完全沒有一絲利害雜質。

真正的朋友從來都不是靠著錢財、權勢、利益結交而來的，因爲真正的朋友之間從來都不會在乎金錢的得失。

6 成也「三友」，敗也「三友」

孔子曰：「益者三友，損者三友。友直、友諒、友多聞，益矣；友便辟、友善柔、友便佞，損矣。」南懷瑾評價說：「這是我們中國人所熟悉的話，友直、友諒、友多聞，是有助益的朋友。第一種『友直』，是講直話的朋友；第二種『友諒』，是比較能體諒人、個性寬厚的朋友；第三種『友多聞』，是知識淵博的朋友。孔子將這三種人列爲對個人有助益的朋友。另外在朋友中，還有對自己有害處的。第一『友便辟』，就是有怪脾氣的人，有特別的嗜好，或者也可以說是軟硬都不吃，使人對他覺得有動輒得咎之難的朋友。第二『友善柔』。就是個性非常軟弱，依賴性太重，甚至一味依循迎合於你。你要打牌，他也好，你要下棋，也不錯，你要犯法，他雖然感覺不對，也不反對，跟著照做不誤。用現代語來說，等於是嬌妻型的朋友，可以說是成事不足，敗事也不足。第三『友便佞』，這種人更壞，可以說是專門逢迎湊合的拍馬屁能手，絕對是成事不足，敗事有餘的傢伙，特別要當心。」

蘇軾在江北瓜州任職時，和一江之隔的金山寺住持佛印祥師是至交，兩人經常談禪論道。

一日，東坡居士自覺修持有得，即撰詩一首：「稽首天中天，毫光照大千，八風吹不動，端坐紫金蓮。」詩成後遣書童過江，送給佛印禪師品賞，禪師看後，拿筆批了兩個字，即叫書童帶回。

蘇軾以為祥師一定是對自己的禪境大表讚賞，急忙打開，一看只見上面寫著兩個字：放屁。這下東坡居士真是又驚又怒，即刻乘船過江找佛印理論。

船至金山寺，禪師早已在江邊等候，蘇軾一見佛印立即怒氣沖沖地說：「佛印，我們是知交道友，你即使不認同我的修行，我的詩，也不能罵人啊！」

禪師大笑說：「咦，你不是說『八風吹不動』嗎，怎麼一個屁字，就讓你過江來了？」

蘇軾聽後恍然而悟，慚愧不已。

管仲和鮑叔牙交朋友，在他「佔便宜」、「臨陣脫逃」的時候，鮑叔牙都給了他最充分的理解，還將他扶上相位；高山流水遇知音，鍾子期和俞伯牙交朋友，得到的是心靈的共鳴，情感的依託，流芳千古；劉關張桃園三結義，成就的是義薄雲天的兄弟情義，還有匡扶正義的義舉；太子丹和荊軻交朋友，爲的是結束秦王暴政，拯救民眾於水火，荊軻不惜慷慨赴死。「朋友」二字，包含多少酸甜苦辣，多少悲歡離合，多少歡顏和淚水！

白居易晚年仕途不濟，在洛陽當閒官，這讓有一腔抱負的他產生了很嚴重的消極情緒，整日無所事事。他寫了首詩給他的好朋友劉禹錫，詩中充滿了消極思想及無爲情緒。劉禹錫看到朋友如此消沉，便立即和詩一首，回贈白居易，詩中充滿了對老朋友的鼓勵和鞭策。劉禹錫昂揚奮發、不甘消沉的精神，對老友白居易不啻爲一劑良藥。此後，白居易開始振作起來。後來，當劉禹錫去世的時候，白居易寫詩哭劉禹錫說：「杯酒英雄君與操，文章微婉我知丘。賢豪雖歿精靈在，應共微之地下遊。」稱頌劉禹錫人雖死了而精神長存，可見劉禹錫對白居易的影響之大。

常言道：「近朱者赤，近墨者黑」，可見朋友對我們的影響之大，真正的好朋友是能互相規勸、砥礪的。俗話說：「物以類聚，人以群分。」自己身邊的朋友品性與我們自己有關係。有人「聞過怒，聞譽樂」，慢慢地就有很多損友只會說幾句美言，自己神魂顛倒之際，益友也就退走了。如果朋友提出自己的過失，自己敷衍了事，朋友看自己沒有塑造的可能性，便遠去了。如果希望交到真心的朋友，就要拿出自己的真心，以道德、以義氣、以慈悲來交往。如此得來的朋友，在最緊要關頭時，大都能同甘共苦。

朋友相交很重要的一點是互補性。自己見多識廣，有所專長，必然會受到朋友的尊重與信賴。同樣的，要結交有內涵的朋友，也要先充實自己的內涵；懂得隨時吸取新知的人，智慧容易開啓，也會吸引許多見多識廣的人到身邊來。劉禹錫之交往即是「談笑有鴻儒，往來無白丁，可以調素琴，閱金經。」

7 對朋友的規勸要適可而止

子曰：「忠告而善道之，不可則止，毋自辱焉」。意思是，為了盡忠心，有勸告的責任，但勸告多次以後，他都不聽，再勉強去說，自己就招來侮辱了。《里仁》中說：「事君數，斯辱矣。朋友數，斯疏矣。」也告訴我們同樣的道理：對朋友過分的要求或勸告次數多了，交情就疏遠了。

南懷瑾說：「從表面上看起來，孔子教學生的交友之道好像蠻滑頭的樣子，適可而止，不要過分。實際上，加上我們自己的經驗，就知道孔子的話並不滑頭。中國文化中，友道的精神在於『規過勸善』，這是朋友的真正價値所在，有錯誤相互糾正，彼此向好的方向勉勵，這就是真朋友。但規過勸善，也有一定的限度，尤其是共事業的朋友，更要注意。我們在歷史上看到很多，知道實不可爲，就只好拂袖而去，走了以後，還能保持朋友的感情。」

南懷瑾在《論語別裁》中舉了一個例子，並加以解釋，摘錄如下。

曾國藩有一位幕友王湘綺（壬秋），他是湖南的才子，也是近代以來有名的大儒。他著有《湘軍志》，對曾國藩有褒獎之處。

曾國藩所領的湘軍，在前方和洪秀全作戰，開始露敗象的時候，王湘綺就要請假回家。曾國藩知道他讀書人膽小，所以也想讓他回去，不過事情很忙，就沒有立即批這件公文。

有一天晚上，曾國藩因為有事去找他。看見他正坐在房裡專心看書，就站在後面不打擾他。差不多半個時辰，王湘綺還不知道，曾國藩又悄悄地退回去了。第二天早上，曾國藩就送了很多錢，誠懇地安慰一番，讓王湘綺立刻回家。有人問曾國藩，為什麼突然決定讓王湘綺回去？

曾國藩說，「王先生去志已堅，無法挽留了，朋友之道，不能勉強。尤其打仗的時候，勝敗之事自己都沒有把握，如何能保住別人？」

再問曾國藩何以知道王湘綺去志已堅？

曾國藩說，「那天晚上去王湘綺那裡，他正在看書，並不知道我就站在他身後。可是有半個時辰，王湘綺都沒有翻過書。可見他不在看書，而是在想心思，也就是想回去，所以還是讓他回去的好。」

這個故事就說明長官與部下或者朋友相處，都要恰到好處。如果過分，那麼朋友都變成冤家了。人生交一個朋友是很難的，所以孔子告訴子貢交朋友適可而止，不是滑頭。別人對自己逆耳進忠言，我們可以試著讓忠言不再過於逆耳。善意應體現於善言，這才能收到動之以情、曉之以理的效果。一味地說忠信，不考慮當時環境，輕則丟人，重則丟命。魏徵說過很多逆耳忠言，幸虧遇到的是唐太宗那樣寬宏大量的皇帝，不過也差點丟掉性命。

從溝通的角度來看，在眾人面前時，人的自尊心強，防禦心理也會更強。都說人活一張臉，這時候若是聽到反對的聲音出來，人首先考慮的不是「這是忠言」「這是爲我好」，而是對自尊的保護，對反對聲的防禦和反擊。所以在這個時候，即便有一肚子話要講，也要先咽回去。接下來，找個沒人的地方，悄悄拉他到一邊，兩個人推心置腹地交談一番。

此外，當一個人情緒激昂的時候，也萬不可迎頭一盆冷水澆下來，即便說了也是白說。那時的人活在他自己的世界中，只要他不走出這個世界，一切勸或罵，都是無效的。

三國時期，袁紹對眾文武大臣說：「我很久之前就打算進兵許都討伐曹操，一直沒有什麼機會，眼下春暖花開恰是出兵的大好時機！」

此時，田豐出來勸諫：「前一時期曹操攻打徐州時，許都空虛，已錯失用兵良機了。如今曹兵士氣正盛，不可輕敵，不如察視一番，伺機而後動。」

袁紹問身邊劉備。此間劉備家眷在曹操手裡，當然贊同袁紹，曰：「曹操乃欺君之賊，明公您若不出兵討伐，恐怕會失義於天下啊。」袁紹一聽大喜，當即部署用兵之事。

田豐一看自己苦口婆心毫無作用，心中大急，立即又加以規諫。袁紹沒等他說完就勃然大怒：「你等文弱書生就是輕視和害怕用兵，這是害我失去大義啊！」

田豐一聽袁紹完全拒絕了他的建議，還不肯停止，捶胸頓足地說：「不聽我言，必敗無疑！」袁紹聞言大怒，囚田豐於獄中。

後來袁紹敗戰而歸，田豐聞訊嘆道：「吾命休矣，袁紹外寬而內忌，會羞於見我，必殺而後快。」袁紹回來後，果真把田豐給殺了。

田豐之死就在於不懂規勸要適度的道理，他沒有認清形勢，在自己的主人已經失去理智的時候依然激烈直言，最終招致殺身之禍。很多時候勸人只需點到爲止，「猶抱琵琶半遮面」，不必過於直白，這樣往往會收到比直白還要好的效果。

8 「久而敬之」使友情「全始全終」

子曰：晏平仲，善與人交，久而敬之。孔子說：朋友關係是人世間的五倫之一，每個人都有朋友，雖然大家都能交朋友，但是真正善於交朋友的人卻很少。晏平仲就很善於交朋友，掌握了交朋友的真諦。

通常人們開始交往的時候，都知道互相尊重，但是時間長了，就疏忽了，來往之間也有很多不注意的地方，久了就會生出嫌隙來，影響了朋友之間的關係。晏平仲和人交往，開始時固然能夠互相尊重，時間長了，也不會有疏忽懈怠，始終保持一顆恭敬的心，所以朋友之間的情義始終不曾有絲毫減弱，因此時間越長，越容易得到別人的尊重。

南懷瑾認爲，我們都有朋友，但全始全終的很少，所以古人說：「相識滿天下，知心能幾人？」到處點頭都是朋友，但不相干。晏子對朋友能全始全終，「久而敬之」，交情越久，他對人越恭敬有禮，別人對他也越敬重。交友之道，最重要的就是這四個字——「久而敬之」。我們看到許多朋友之間搞不好，都是因爲久而不敬的關係；初交很客氣，三杯酒下肚，什麼都來了，最後成爲冤家。

古時有個縣令，與官職稍小一些的里正劉仲之師出同門，平日來往有節，關係頗好。

一次，劉仲之因保護鄉民有功，被太史推薦為知府。雖然還沒有正式文書，不過聽京裡的靈通人士說，此事已八九不離十。

劉仲之為了慶祝這次即將到來的高升，設宴款待平日裡與自己交往比較好的里正、縣令、知府級別的官員。不巧羊羹不夠，無法讓全場的人都喝到，這位縣令也沒有喝到。不一會兒，劉仲之喝多了，又拿這位縣令開起了玩笑，同座的官員都大笑不止，只有這位縣令臉上通紅。

縣令本對羊羹的事情有意見，又加上這次劉仲之不分場合地開自己的玩笑。於是命人另找理由，寫一訴狀，連夜送至太史那裡，太史看後很生氣。

半月之後，劉仲之還在家等上任通知，這時有官人來報，說鑒於劉仲之護鄉民有功，賞賜黃金五十兩，隻字沒提當知府的事。

自此，他一生的終點也停在了里正這個職位上。

有人覺得，好友之間無須講究禮儀，因爲好朋友彼此之間熟悉瞭解，親密依賴如一家人，財物不分，有福同享，講究禮儀就會拘束，顯得親疏不分、十分見外了。因此對關係親密的朋友，言談舉止反而更爲隨便，就好像我們心情不好時總愛對身邊親密的人發脾氣一樣。殊不知一時口不擇言，就會變成永遠的傷疤。

對好朋友仍需敬，並不是說在一切情況下都要僵守不必要的煩瑣的客套和熱情，而是強調好友之間相互尊重、不去觸碰對方的禁區。每個人都希望擁有一片私密天空，朋友之間過於隨便就容易侵入這片禁區，從而引起隔閡和衝突。待友不敬，有時或許只是一件小事，卻可能埋下了破壞性的種子。

朋友關係的存續是以相互尊重為前提的，容不得半點強求、干涉和控制。彼此之間情趣相投、脾氣對味，則合、則交；反之，則離、則絕。

朋友之間再熟悉、再親密，也不能隨便過頭、不恭不敬，否則，默契和平衡將被打破，友好關係將不復存在。不妨將自己放在與朋友相等的地位，設身處地地為朋友著想，相敬如賓，才能讓友情長存。

第七課

沒有分享的人生是一種懲罰

1 有難同當，有功獨享，是事業的大忌

南懷瑾說：「神奇的愛，會使數學法則失去平衡。兩個人分擔一個痛苦，只有一個痛苦，兩個人分享一個幸福，卻能擁有兩個幸福。」

曾國藩提出「有難先由己當，有功先讓人享」的做人學問，認爲「此乃事業之基」。他還說，與別人分享功勞是減禍之道，是加福添壽之藥方。

中國人向來以「有難同當，有福同享」作爲友道至高學問，但實際上，不但「富貴不相忘者」極少，而且能夠「同患難」的更是少而又少。一個有修養的人，應該知道居功之害。同樣的，對那些可能玷污行爲和名譽的事，也不應該全部推諉給別人。

做人不能只沾美名，害怕責任，應當敢於擔責任，擔義務。從歷史上看，一個人有偉大的政績和赫赫的功勞，常常會遭受他人的嫉妒和猜疑，歷代君主多半都殺戮開國功臣，因此才有「功高震主者身危」的名言出現，只有像張良那樣的人才能防患於未然。

劉邦定都關中後，張良身體日弱，他知道劉邦的為人，在困難時會認真聽取和採納他的計策，一旦天下安定，就是另一個樣子，而且疑忌心較強，要想與這

樣的君主共安樂是很困難的，遂辭謝了劉邦給他的三萬戶封賞，只留了一萬戶為封邑，便在家頤養身體，修仙學道，並說：「我現在的心願就是摒棄人間一切繁瑣事務，跟著仙人赤松子去雲遊天下。」

這位功勳卓著的謀士離開朝廷後，劉邦縈懷難捨，在春和景明之時，在侍從的簇擁下，來到「俯瞰長江飄玉帶，仰觀日月滾獅球」的白雲山。他滿懷訪賢敘舊之情，步入碧浪搖風，古樸幽靜的道院。

誰知這「收秦關百二，山河奇謀獨運，輔漢室統一，事業成就不居功」的張良，隱於雲霧繚繞的叢林中，硬是避而不見。

劉邦望望碧無邊際的景色，看看庵內的擺設，沉思片刻感悟地說：「江南風光，此峰獨秀，人不我見，久候何為？」遂悵然命筆題詩一首：「孤王命駕到深山，未見軍師只見庵。日映桃花侵眼赤，風吹竹葉透襟寒。金爐煉藥灰猶暖，玉案題詩墨未乾。書畫琴棋依舊在，子房何處寄身安。」題罷便怏然離去。

只有具備這樣涵養德行的人，才算是最完美而又清高脫俗的人。讓名可以遠害，引咎便於韜光，這本身就是處世的一種良策。

人都喜歡美譽而討厭汙名，汙名固然能毀壞一個人的名譽，然而一旦不幸遇到汙名降身，也不可以全部推給別人，一定要自己面對現實承擔一部分。遇到好事，總要分一些給其他人，絕不自己獨享。

成就一番事業需要眾人的合作努力。固然不能否定個人的作用，但決不能獨佔大功，貶低其他人的作用。只有把功勞讓給賢才能人和有爲後輩，才能獲得眾人的敬仰，樹立自己的威望，同時凝聚人心，促進事業發展。

2滋味濃時，減「三」分讓人嘗

《菜根譚》中有話說：「人情反覆，世路崎嶇。行不去處，須知退一步之法；行得去處，務加讓三分之功。」意思就是，人間世情反覆無常，人生之路崎嶇不平。在人生之路走不通的地方，要知道退讓一步的道理；在走得過去的地方，也一定要給予人家三分的便利，這樣才能逢凶化吉、一帆風順。留一步，讓三分，不僅給別人留一條活路，也是拓寬人際資源的絕妙之策。

南懷瑾認爲，適時讓自己「少三分」，其實並不是真少，此處「少三分」，它處可得五分。何鴻燊在談到成功經驗時說：「錢，千萬不要一個人獨吞，要讓別人也賺。」別人與你合作就是爲了賺錢，如果所有的利益都被你一個人得到，那麼合作就變得毫無意義，生意也就被你做斷了。

一九八七年，位於香港的一塊政府公地拍賣。

那塊公地底價為兩億港幣，拍賣的場面異常火爆，火藥味也特別的濃。李嘉誠和一位競標者連叫兩次，底價連跳兩次。就在這時，拍賣場上響起了一個李嘉誠非常熟悉的聲音：「二點一五億！」李嘉誠回過頭一看，正是胡應湘。

胡應湘在商場上被稱為「飛仔」，當初李嘉誠進入房地產界的時候還請教過他，後來兩人也一直保持著良好的合作關係。

一會兒功夫，地價已被抬到了二點六億，李嘉誠不慌不忙地舉起手叫到「三億」，胡應湘沉著應戰，喊出了三點五五億港幣的高價！這時拍賣會掀起了高潮，一時間鄭裕彤等房地產界大哥級的人物也加入競價。這時人們都在興奮之中，很少有人注意到李嘉誠的得力助手悄悄地走到胡應湘的助手身邊，對他一陣耳語。之後，胡應湘居然不再應價。在人們都感到意外的時候，叫價已經加到四億港幣，是底價的兩倍了，拍賣場敏感的臨界線就要到來。

拍賣場突然安靜下來，競投各方默默在心裡打著自己的算盤。這時候，李嘉誠再次舉起他的「擎天一指」，報出四點九五億港幣的天價。

拍賣師一錘定音，李嘉誠終於將這塊公地收入囊中。不過，在拍賣會後，李嘉誠立刻宣布：「這塊地是我和胡應湘先生聯合所得，將用以發展大型國際商業展覽館。」

後來，有房地產分析專家評論說：據估計，李嘉誠在拍賣前就將此塊公地的最高競投價定為五億港幣，這個價格也應該是其它所有人心裡的最高價。雖然李嘉誠看似出價很高，而且他還決定和胡應湘共用利益，但是李嘉誠在這中間還是能夠獲得豐厚的利潤。

自古以來，商人都是「無利不起早」，追求利益是商人最大的目的。但是追求利益不能建立在破壞合作關係上，畢竟做生意本就是人與人之間的合作。想把生意做好，想讓別人願意與你合作，就必須照顧別人的利益。有錢大家賺，利益共用，才能贏得更多合作的機會。

如果一單生意只有自己賺，而對方一點不賺，這樣的生意絕對不能幹。在生意場上一直信守利益均霑的原則，每一次與人合作都會讓對方也獲得巨大的利潤。只要你懂得分享利益，讓每一次與你合作的人都能獲得利益，他們自然還會希望繼續與你合作，那麼你就會有做不完的生意，生意會來找你。

與人相處，很多時候並不是單項選擇題，而是多項選擇，可以雙贏。有些人不明白，只知道魚死網破，不是你死就是我活。爲爭名奪利打得頭破血流、同歸於盡的例子，在身邊經常上演。這種人永遠不懂，在必要時讓一步，反而能給自己帶來更大的好處。

大凡有所成的人，都會「減三分」讓給與自己合作的人。因爲即使有著過人的智慧和雄厚的實力，也不可能在每一次投資和競爭中都能做到穩穩當當。一個大案子，明明自己有能力承接，也要拉合作夥伴一起開發，以此展現自己「路留一步，味讓三分」的氣度，宣告自己不是那種斷人財路、獨佔福源的人，這樣做事業自然可以順風順水。

3 幫助別人就是在幫助自己

南懷瑾認爲，給人方便，必能回報給自己更大的方便，助人即助己。當我們伸出雙手之時，也就在不經意間幫助了自己。時來運轉，生命輪迴，每一個人都有需要幫助的時候，因爲我們無法預料到明天會發生什麼。

戰國時，中山國相國司馬熹很得國君信任，但是國君的寵姬陰簡十分憎恨司馬熹，常在國君的枕邊說他的壞話。

不久之後，來了一位趙國使者。因為當時趙國是戰國七雄之一，所以司馬熹寸步不離地陪伴在趙國使臣身邊，生怕有一點怠慢。

在宴會上，司馬熹問使者：「聽說貴國擅長音樂的美女很多，是這樣嗎？」

使者說：「並非如此。」

司馬熹說：「我曾經到過許多國家，見過無數美女，但總覺得沒有人比得上我國的那位陰簡了，她的容貌傾國傾城，儀態婀娜多姿，簡直有如仙女下凡！」

趙國使者記在心裡，回去之後，便馬上把這一情況稟報給趙王。

趙王聽後，還未見到陰簡本人，就已經很動心了。於是，趙王派使者到中山國，請求把陰簡送給自己。

國君視陰簡為掌上明珠，現在趙王要奪人所愛，他哪裡肯答應。但心中又擔心如果得罪了趙王，中山國就會遭到趙國的報復，中山國國力微弱，很可能要蒙難。

正當中山王束手無策之時，司馬熹向國君進諫說：「啟奏大王，臣有一個辦法，既可以回絕趙國，又可以避免我國蒙難。」

國君一聽十分高興，忙問道：「你有什麼萬全之策？」

司馬熹說：「您可以立即冊封陰簡為王后，這樣就能死了趙王的邪念。」

中山國國君立即照辦。

就這樣，中山國保全下來了，陰簡順利地做了王后。司馬熹因力薦陰簡為王后而得到陰簡的尊重，陰簡從此不再憎恨司馬熹，心中對他感激涕零，司馬熹終於擺脫了困境。

歷史上幫助別人，成就自己的故事不勝枚舉。

春秋時期，晉國大夫魏顆的父親魏武子有個非常寵愛的小妾。魏武子臨死前，要魏顆把那個小妾給他殉葬。魏武子死後，魏顆卻把父親寵愛的那個小妾嫁給了別人。

後來，秦將杜回領兵攻打晉國，晉王命魏顆率兵抵抗。兩軍正在激戰之時，戰場上突然出現了一位老人，他把地上的草打成了許多結將杜回絆倒，魏顆因此活捉了杜回，秦軍大敗。當天夜裡，魏顆做了一個夢，夢見白天的那個老人對他說：「我是你所救的那個小妾的父親，特來戰場上結草報恩。」

每一個人都希望當自己遭遇困境時，能有人伸出援助之手助己一臂之力，使自己渡過難關。雖然我們提倡助人不求回報，但事實上今天我們助了人，日後就一定會得到回報。

唐朝時期，有個年輕人，在沒有中狀元前生活非常艱難，三餐不濟，甚至還要靠父母與朋友的救濟。

有一天，當他正要經過一座木橋時，一位老人擋住了他的去路，老人的背駝得十分厲害，連站都站不穩。

「年輕人，你願意幫助我走過這條木橋嗎？」老人道。

當時，年輕人已經心煩意亂，對事情都提不起精神，真想轉頭離去，不理睬這位老人。不過，他看這位老人實在很可憐，還是扶著老人的臂膀，穿過那條橋。

「你覺得好些了嗎？年輕人！」老人微笑著問他。

「噢！是的，我想是的！」他不得不承認在幫助別人之後，心裡舒坦多了。

這時，老人突然挺直了腰桿，身子骨也變得硬朗了。

年輕人結結巴巴地說：「老先生，您……」

「其實我健康得很，但剛才看到你一副愁眉不展的樣子，我就決定要幫幫你。一個失意的人如果幫助那些比他處境更糟的人，這樣他就會好過些，所以我就裝扮成剛才這個樣子了。」

「不要有太多的憂慮！一切都會過去的！」說完，老人飄然而去。

關照別人也是關照自己，給別人帶來方便，自己也會從中得到方便。許多人爲了事業有成，想在競爭中獲得較快發展，更應該用真心去關照別人。其實有時只付出了一點點的理解與大度，卻能贏來意想不到的收穫，何樂而不爲呢？

幫助是雙向的，不是單向只進不出，分享是互利的，不是變少而是變多。幫助別人時，就是在幫助自己。付出什麼，就會得到什麼，耕種什麼，就會收穫什麼。

4 花花轎子人抬人

南懷瑾將自己的立世「秘訣」形象地稱爲「買票不進場」，他的朋友遍及世界各地，各種政黨派系的都有，如何才能在複雜的社會關係中進退自如呢？

南懷瑾說，「就好像參加一個聚會，我有門票我就可以進去看看。可是真進場，就被套進去了，我不去。就是因爲一輩子光買票不進場，所以現在各方面都變成朋友。我對於各黨各派都是朋友，到現在八九十歲。原來大家懷疑我是這一派那一黨，我的頭上戴的各種帽子頭銜多得不得了，結果我到今天，始終公平做一個隱士，我基本走的就是隱士路線。這是因爲每一黨每一派我都是買票不進場。」

南懷瑾抬高了別人，別人自然也樂意抬高他。

龔遂是漢宣帝時代一名能幹的官吏。

當時渤海一帶災害連年，百姓不堪忍受饑餓，紛紛聚眾造反。當地官員鎮壓無效，束手無策。宣帝派年已七十餘歲的龔遂任渤海太守。

龔遂單車簡從到任，安撫百姓，與民休息，鼓勵農民墾田種桑。他規定每戶農家種一株榆樹、一百棵茭白、五十棵蔥、一畦韭菜，養兩口母豬、五隻雞。

對於那些心存戒備，依然帶劍的人，他勸喻道：「幹嘛不把劍賣了去買頭牛呢？」經過幾年治理，渤海一帶社會安定，百姓安居樂業，溫飽有餘，龔遂名聲大振。於是，漢宣帝召龔遂還朝。

龔遂有一個下屬王先生，請求隨他一同回長安，說：「我對你會有好處的！」

可是其他屬吏卻不同意，說：「這個人，一天到晚喝得醉醺醺的，又好說大話，還是別帶他去為好！」

龔遂說：「王先生雖愛喝酒，但其還是有大材的，王先生應該去做大官，為天下蒼生做貢獻。這次回去去看看能不能托人幫其引薦一下，也不枉負了他的才能。」

到了長安後，這位王先生終日沉溺在酒鄉之中，也不去拜見龔遂。

有一天，當他聽說皇帝要召見龔遂時，便對看門人說：「去將我的主人叫到我的住處來，我有話要對他說！」完全一副醉漢狂徒的嘴臉。龔遂也不計較，還真來了。

王先生問：「天子如果問大人如何治理渤海，大人當如何回答？」

龔遂說：「我就說任用賢材，使人各盡其能，嚴格執法，賞罰分明。」

王先生連連擺頭道：「不好！不好！這麼說豈不是自誇其功嗎？請大人這麼

回答：『這不是小臣的功勞，而是被天子的神靈威武所感化！」』

龔遂接受了他的建議，按他的話回答了漢宣帝，宣帝果然十分高興，便將龔遂留在身邊，任以顯要而又清閒的官職。

每年的秋季，大雁由北向南以「V」字形狀長途遷徙。大雁在飛行時，「V」字形的形狀基本不變，但頭雁卻是經常替換的。頭雁對雁群的飛行起著很大的作用。因爲頭雁在前開路，牠的身體和展開的羽翼在衝破阻力時，使牠左右兩邊形成真空。其他的雁在它的左右兩邊的真空區域飛行，就等於乘坐一輛已經開動的列車，自己無需再費太大的力氣克服阻力。這樣，成群的雁以V字形飛行，就比一隻雁單獨飛行要省力，也就能飛得更遠。這個道理相信我們都懂。

「幫助別人往上爬的人，會爬得最高。」如果你幫助另一個人上了果樹，你因此也就得到了你想品嘗的果實，而且你越是善於幫助別人，你能嘗到的果實就越多。

真正要做成大事的人，總是把對手當做自己的夥伴，對手也是學習的對象。互相拆臺只會兩敗俱傷。但是由於各種各樣的原因，有的人把對手當做死敵，嫉妒對手的成功，結果用各種卑鄙的手段去攻擊對手，終食惡果。與其這樣，不如助其三分，其樂融融。

清末名商胡雪巖，自己不甚讀書識字，但他卻從生活經驗中總結出了一套哲學，歸納起來就是：「花花轎子人抬人。」他善於觀察人的心理，把士、農、工、商等階層的人都攏集起來，以自己的錢業優勢，與這些人協同謀事。由於他長袖善舞，所以別人也信任他。他與漕幫合作，及時完成糧食上交的任務。與王有齡合作，王有齡有了錢在官場上混，胡雪巖也有了機會在商場上發達。如此的互惠合作，使胡雪巖這樣一個小學徒變成一個執江南半壁錢業之牛耳的鉅賈。

自己力量是有限的，這不單是胡雪巖的問題，也是我們每一個人的問題。但是只要有心與人合作，善假於物，那就要取人之長，補己之短。而且能互惠互利，讓合作的雙方都能從中受益。

5 有捨不一定得，要順其自然

南懷瑾說：「大家都想有錢，那麼我們來看看取得錢財的因果公式：捨（錢財，種子）＋職業（助緣）＝得（錢財，果實）。所以『捨得捨得』，有『捨』才會有『得』。懂得了這個因果，我們才有機會得到錢財。不播種子就盼望收割，盼望天上掉餡餅，天底下沒有這種好事情！」

古語說：「君子樂得爲君子，小人冤枉做小人。」南懷瑾解釋說：「如果你種了『種子』，就只要靜心等待機緣的成熟，自然會有所『得』，不需要花很大力氣；有些人不知道自己有沒有種『種子』，只會想盡各種辦法去求，出十分力，才得一分結果，白白浪費了力氣！」

捨有真捨，有假捨。南懷瑾曾通過一個小例子進行研究：

實驗：送一份禮物給朋友。

觀察：當時自己的心理變化。

注意：送禮時對朋友說了什麼話。

再觀察：禮物送出後的心理變化。

以下三句是送禮時可能會說的話：

話語一：小小禮物，不成敬意。（心想：希望我的事情能辦成）

話語二：我送這個禮物給你，你不要弄壞，不要給別人。（心想：我對你那麼好，看你以後怎麼報答我）

話語三：這個好東西我用不著，您拿去用。（禮物送出後心裡沒有感覺）

如果你說了第一和第二句話，那麼這個禮物你還沒有送出去，你只不過做了一個送禮物的動作，這個「物品」還在你的心裡。

說第三句話的人是真的把禮物送出去了。「捨」要從心裡「捨」，並不在乎於你做了什麼動作。真正的「捨」是不求回報的，心裡沒有感覺。

心有有捨，不一定非要去得，順其自然。

以色列人收割莊稼的時候，總會在靠近路旁的地裡，在四個地角留下一部分成熟的莊稼。據說，這種習俗，既是爲了報答上天的恩賜，同時，也給那些貧寒的路人留下點糧食，以便他們充饑。任何人都可以去收割地角的莊稼，沒有人會去責問他。

無獨有偶，據說在韓國北部盛產柿子的地方，農民往往會在枝頭留下一些熟透的柿子，這便是農民特地留給喜鵲的食物。留在樹上的柿子，養活了許多過冬的喜鵲，春天的時候牠們就會捕捉果樹上的蟲子，從而保證了柿子的豐收。

也許有人說，現在是激烈競爭的時代，每一口飯，似乎都是從別人口中爭下來的；每一個位置，如果你不占著，馬上就有人搶去，還能考慮著留給別人麼？其實，競爭是必須的，殘酷也是可以想見的。但是，在你過上車馬衣裘的生活時，也要想著還有人仍然衣不蔽體、食不果腹。那些爲富不仁、貪欲無度的人們，如果他們能夠留給別人一點，回饋社會一點，就不會招致被人仇視或殺戮的結果了。

印尼的蘇門答臘島上，生長著茂密的咖啡樹，幾百年以來，島上的居民都靠採集咖啡豆謀生。

但是近些年來，每當咖啡豆將要成熟的時候，島民們的煩惱也來了。這是因為，有一種叫做麝香貓的動物開始在島上生存繁衍。

麝香貓喜食咖啡豆，而且牠們比人類更善於爬樹，往往在人們還沒有採摘時，那些最熟最紅的咖啡豆早已經成了這些麝香貓的美餐。

由於麝香貓的爭奪，島民們獲得的咖啡資源就少了許多。為此，島上的居民非常痛恨這個競爭對手，沒到咖啡成熟的季節，便開始驅趕麝香貓，甚至攻擊和捕殺牠們。人們想以滅絕麝香貓的方式來保證咖啡豆的收穫量。饑餓加之殺戮，使麝香貓大量死亡，人們終於達到了獨佔咖啡豆的目的。

咖啡豆長在高大的咖啡樹上，人們採集時必須要爬到樹上去，這是一項非常辛苦的工作。一天，一個不想爬樹的人突然發現，踩在自己腳下的那些麝香貓的排泄物中竟有很多沒有消化的咖啡豆。原來，麝香貓只是喜歡吃甜美的咖啡果實，但果實裡的咖啡豆卻因無法消化而被排出體外。於是，這個人就偷偷地把麝香貓排泄的這些咖啡豆收集起來，拿回去當成採集的咖啡豆賣給一個經營咖啡的商人。

沒想到，這位商人對咖啡有很深的研究，聞到這些咖啡的氣味非同一般。在品嘗咖啡時，他更是驚奇萬分，因為這種咖啡不但具有糖漿般的黏稠，而且還有巧克力般的濃厚，入口後香醇潤滑，妙不可言，他從來沒有喝過如此美妙的咖啡。他放下杯子，馬上找到那個賣咖啡豆的人，問這些咖啡豆的來源。

咖啡商聽罷，不覺感嘆造化之神奇。人為發酵咖啡豆的方法，只能發酵出普通的咖啡豆，而麝香貓的消化系統對咖啡豆居然會產生特殊的發酵過程，使得原本普通的咖啡豆脫胎換骨，成為世界上獨一無二的神品。感嘆之餘，他開始出很高的價錢向島民收購這種麝香貓咖啡豆。

直到這時，島民們才不再與麝香貓為敵了。他們背著筐，苦苦尋找著麝香貓的排泄物。一磅麝香貓咖啡可以賣到三百美金，其價格遠遠超過了藍山等名牌咖啡，成了名副其實的世界上最昂貴的咖啡。

遺憾的是，由於島民的濫殺，島上麝香貓的數量已經不多了，也導致麝香貓咖啡豆的產量銳減，讓人們後悔不迭。

6 獨樂，不會有真正的快樂

末代皇帝李後主被俘後，寫詩云：「四十年來家國，三千里地山河，鳳閣龍樓連霄漢，玉樹瓊枝作煙蘿，幾曾識干戈？一旦歸爲臣虜，沈腰潘鬢銷磨。最是倉皇辭廟日，教坊猶奏別離歌，揮淚對宮娥。」

南懷瑾評論說：「寫來字字是淚，句句是血。而當時那些吳苑宮闈廣陵台殿，以及鳳閣龍樓等昔日繁華，卻不能與民同樂，可見沒有『共有、共用』的社會福利，是不會長久的，獨樂是不可能的。」

南懷瑾在《論語別裁》說：「如何是獨樂樂？曰：無事此靜坐，一日是兩日；如何是與人樂樂，曰：與君一席話，勝讀十年書。是謂獨樂樂不如眾樂樂！」

有一位猶太教的長老，酷愛打高爾夫球。在安息日那天，他很想去打幾桿，但猶太教規定，信徒在安息日什麼都不能做，必須休息。可這位長老終於沒忍住，決定偷偷去高爾夫球場，他想打九個洞就好了，反正安息日猶太教徒都不會出門，球場上一個人也沒有，也不會有人知道他違反規定。

然而，當長老在打第二洞時，卻被天使發現了，天使非常生氣，於是就到上帝面前告狀，說長老不守教義，居然在安息日出門打高爾夫球。上帝聽了，說他會好好懲罰這個長老的。

第三個洞開始，長老每一桿幾乎都是一桿進洞。長老非常興奮，打到第四個洞時，天使又跑去找上帝：「你不是說要懲罰長老嗎？為何還不見有懲罰？」

上帝說：「我已經在懲罰他了。」

直到打完第九個洞，長老都是一桿進洞。因為打得太好了，於是長老決定再打幾桿。

天使又去質問上帝，「到底懲罰在那裡？」上帝只是笑而不答。

打完十八洞，長老的成績已經比任何一位世界級的高爾夫球手都優秀，天使很生氣地問上帝：「這就是你對長老的懲罰嗎？」

上帝說：「正是，你想想，他有這麼驚人的成績，卻不能跟任何人分享，這不是最好的懲罰嗎？」

在生活中，很多人會這樣抱怨：「爲什麼我的世界如此無趣？爲什麼我只能待在一個角落孤芳自賞？」這就是沒有分享，你若不會憂他人之憂，樂他人之樂，將自己孤懸於世外，你就永遠也嘗不到生活的酸甜苦辣。

其實，要想得到快樂、幸福和幫助，就得先學會與別人分享快樂和幸福，先學會幫助別人。希望自己生過得好的人，也應該幫助其他人生活得更好；渴望快樂與幸福的人，應該先把自己的快樂幸福與別人分享。

不知道分享自己的歡樂，其實是一種懲罰。

有一個貴婦，花鉅資修建了一座美麗的大花園，每逢花開時節，總有許多人慕名而來觀賞，經常踩壞花園小徑和留下垃圾。貴婦一氣之下就在門外寫著：「園裡有毒蛇和毒蟲，外人進入受傷後果自負。」後來，花園果然鮮有人再來，多年之後，這座美麗的花園真的變成毒蛇橫行，雜草叢生。婦人也只好後悔地感嘆了。

無論是貴婦的花園美景，還是廣博的知識，分享後都不會減少。

一名弟子的悟性很差，每次禪師的說禪，他都聽地一知半解，但他覺得向禪師提問就是麻煩禪師，所以他總是不敢問問題。細心的禪師發現了這個現象，就問他原因。

弟子說：「師父，很抱歉。我太沒有慧根了，您說的禪法我都聽不懂。我很想再請教您，但想到我已經麻煩您許多次了，就不敢再去打擾您了！」

禪師想了想，對他說：「你先去點一盞油燈。」

弟子照做了。

禪師接著又說：「再去多拿幾盞油燈來，用第一盞燈去點燃它們。」

弟子也照做了。

這時禪師笑著對他說：「其他油燈都是用第一盞燈點燃的，但是第一盞燈的光芒有損失嗎？」

弟子回答道：「沒有啊！」

禪師又說：「和你們講解我所知道的知識，我不但不會有損失，反而會有收穫。所以，有問題不明白的時候，就來找我吧。」

「獨樂樂，不如眾樂樂。」如果你有五個蘋果，將它們分享給不同的的人，也許你會收穫另外五種不同口味的水果，相反，如果你獨自品嘗，得到的只有一種口味而且還索然無味。

把自己的快樂、成功拿出來和朋友與家人一起分享，那將是很幸福的一件事情。因爲你最後會發現，你的分享並不是一味地付出，而是雙倍的獲得。更爲重要的是，只要你學會了分享，你也就打開了自己內心始終關閉著的那扇大門。你會發現人生的更多亮點。

第八課

謹言慎行無些過

1 舌頭最軟卻傷人最深

南懷謹說：「『巧言偏辭』的『偏』，就是過分。過分恭維不對，過分批評也不對，所以巧言偏辭會引起別人的憤怒。一個人引起別人的憤恨、生氣，你不要怪人家，要反省自己，有可能是自己巧言偏辭引起的。」

「言者，風波也」，一個人說話要特別注意，有時一句話是兩面刀，害自己也害別人。獸有長舌不能說，人有短舌不該說。說自己不在乎的人其實是在乎。言語是一個人行爲的影子，我們常因言多而傷人，言語傷人，勝於刀傷；因爲刀傷易痊，舌傷難癒。

一位窮困的年輕人想去遠方求學，臨行前他去請教一位德高望重的長者，行完禮節，問道：「怎麼才能讓我事事順利，不遭人算計。」

長者思考了一下，說道，「怎麼讓你成功，我也不會，不過我能幫你減少一些事業路上的阻礙。你快走了，也沒什麼禮物送給你，就讓我用世上最好的食物和最壞的食物款待你。」

年輕人不解。

長者對小兒子說了幾句話，讓小兒子去集市買來最好的食物。

食物買回來了，年輕人一看，原來是豬舌頭，十分奇怪，就問原因。

長者說：「因為舌頭能講出最美的語言，說出最華麗的詞語，因而，它就是世上最好的食物。」

年輕人點頭稱是，緊接著問：「長者，那什麼才是世上最壞的食物呢？」

長者又思考了一會兒，仍然悄聲吩咐小兒子去集市上買來最壞的食物。

結果小兒子買回來的，仍然是豬舌頭。

年輕人困惑不解地問道：「這不是世上最好的食物嗎？」

長者解釋到：「舌頭是世界上最可怕的東西。它挑撥是非，顛倒黑白，能把死的說成活的，能把活的說成死的，所以最壞。」

年輕人大悟，虔誠無比地對長者說道：「寸舌傷人，後輩謹記。」

人身上最難管住的是嘴巴，因這嘴巴天生兩大功能：吃喝，說話。嘴巴最壞事的地方不是吃喝，而是說話；最難管的，也不是吃喝，而是說話。

生活中，有許多言辭並不是我們非說不可的，因而沒有必要唇槍舌劍或信口開河，有些話，說得好不見得能獲得好處，弄不好還會招來許多是是非非。

有許多人衣貌堂堂，看上去高貴華麗，但是不開口說話還可以，一開口則滿口粗俗俚言，使人聽了非常不愉快，僅存的一點敬慕之心，也立馬全部消失。正所謂「字爲文章之衣冠，言語爲個人學問品格的衣冠」。

古代有一位國王登基之後，國內爆發了一場叛亂，國王殘忍地平定了這場叛亂，同時判處其中一名領袖死刑。

行刑的那一天，叛亂領袖站在絞首臺上，絞刑開始了。他一陣掙扎之後繩索突然斷裂了，他猛然摔落在地上，摔得頭昏腦漲，底下群眾一陣驚呼。

在當時，類似這樣的事件被當成是神的旨意，犯人通常會得到赦免。

這個人晃晃悠悠地站起來，不敢相信自己保住了腦袋，他自言自語道：「這就是神的旨意嗎？這就是說明現在的國王是不合理的，我們一定能夠勝利。」

皇宮裡國王得知了繩索斷裂的消息，國王想：「既然是神的旨意，那就讓他活下來吧。」

國王又隨口詢問信使：「事情發生之後，他有沒有說什麼？」

「陛下，」信使回答，「他說這是神的旨意，說明您是不合理的。」

「豈有此理！」國王大怒，「讓我們來證明一下什麼是神的旨意。」於是國王又重新把那個人關回監獄。

第二天，他再度被推上絞刑台，這一次繩索沒有斷。

常常看到一些爭吵僅僅是因爲某件雞毛蒜皮的事，但由於一方逞一時口舌之快，說了帶情緒的話，傷害了另一方的自尊心，而另一方也不願意做省油的燈，反唇相譏。從而雙方你來我往，把口水仗打得如火如荼，甚至大打出手，小事變成了大事，從而釀成禍端，遺憾不已。

在言辭上低調是人的一種重要品質，與人談話切不可讓人聽出你有瞧不起人、教訓人、挖苦人的感覺。自以爲高人一等，處處唱高調，時時擺身分，想怎麼說就怎麼說，只圖自己痛快而不顧別人的感受，傷人而不自知。

2 言多必失

南懷瑾在《孟子旁通》中說：「『辯通有辭者，患在多言。』意思是說，那種有口才的人，則常犯話多的毛病，言多必失，多言是要不得的。」

會說話的人可以憑藉三寸不爛之舌升官發財，不會說話的人卻因爲言語不當遭到滅頂之災。少說多聽是一條永恆的平安守則。侃侃而談不見得給自己增添光彩，更不能說明自己有學問，相反，會給人帶來滿口大話、言而不實的感覺。

南唐後主李煜為保住自己江山，派大臣徐鉉去說服趙匡胤，請求暫緩出兵。

徐鉉乃江南名士，才高八斗，學富五車，能言善辯。在出發前，他還對如何說服趙匡胤作了周密的準備，對讓趙匡胤轉變態度充滿了信心。

徐鉉到了趙匡胤那裡，從天時地利到李煜無罪趙匡胤出師無名，說了一大通，說得趙匡胤根本插不上話。

眼看就要把趙匡胤說動了，他卻犯了畫蛇添足的錯誤，他對趙匡胤說：「李煜對待你趙匡胤，就像兒子對待父親，你怎麼可以出兵討伐他呢？」

這句話讓趙匡胤找到了機會，趙匡胤問徐鉉：「照你看來，父親和兒子應當是一家人好呢？還是硬要分成兩家才對呢？」

一句話問得徐鉉再也無法張口，只好默默告退。

說話也要掌握尺度，意思表達清楚了，見好就收。說多了，不僅成爲負累，而且有可能將前面所說的效果全部破壞掉。因爲人都會犯攻其一不計其餘的錯誤，儘管你前面說的都對，只要你後面的話有漏洞，人們就會將這個漏洞抓住，並且推翻你的全部結論。

從前有一隻烏龜，有一年碰上多年不遇的乾旱，所居住的湖泊完全乾涸了，自己也不能爬行到有食物的水草豐澤之地。

當時有一群大雁居住在湖邊，準備遷往他方，烏龜就向牠們苦苦哀求，要求大雁把牠帶離此地。

一隻大雁就用嘴叼著這隻烏龜往高空飛去。

大雁經過一座城鎮，烏龜忍不住氣，向大雁問道：「你這樣不停地飛，到底要飛到何處？」

大雁聽了，只好回答，才一張口，叼在嘴裡的烏龜就徑直從高空落下，摔在地上死了。

明代開國皇帝朱元璋，出身貧寒，少年時就放牛，給有錢人家做工，甚至還為了果腹出家為僧。但朱元璋卻胸有大志，風雲際會，終於成就一代霸業。

朱元璋當了皇帝以後，有一天，他兒時的一位窮夥伴來京求見。朱元璋很想見見舊日的老朋友，可又怕他講出什麼不中聽的話來；不見，又怕人說自己富貴了就不念舊情。猶豫再三，還是接見了老朋友。

那人一進大殿，即大禮下拜，高呼萬歲說：「我主萬歲！當年微臣隨駕掃蕩盧州府，打破罐州城。湯元帥在逃，拿住豆將軍，紅孩子當兵，多虧菜將軍！」

朱元璋聽他說得動聽含蓄，心裡很高興，回想起當年大家饑寒交迫時有福同享、有難同當的情形，心情很激動，立即重重封賞了這個老朋友。

消息傳出，另一個當年一塊放牛的夥伴也找上門來了，見到朱元璋，他高興極了，生怕皇帝忘了自己，指手畫腳地在金殿上說道：

「我主萬歲！你不記得了嗎？那時候咱們倆都給人家放牛，有一次我們在蘆葦蕩裡，把偷來的豆子放在瓦罐裡煮著吃，還沒等煮熟，大家就搶著吃把罐子都打破了，撒下一地的豆子，湯都潑在泥地裡，你只顧從地下抓豆子吃，結果把紅草根卡在喉嚨裡，還是我出的主意，叫你用一把青菜吞下，才把那紅草根帶進肚子裡。」

當著文武百官的面，「真命天子」朱元璋又氣又惱，立馬喝令左右道：「哪裡來的瘋子，來人，快把他拖出去砍了！」

人處在不同的狀態下，講話時心情不同，話的內容也會不同。心情愉快的時候，看事看人也許比較符合自己的心思，故而讚譽之詞可能會多；有時心情不愉快，講起話來不免會憤世嫉俗，講出許多過頭的話，招來很多麻煩。

喜時之言多失言，怒時之言多失禮。管不住自己舌頭的人，不僅容易傷人，而且容易惹禍。慎言不是不說話，慎言是當說話時就說，不該說話時永遠不要說。說的多了，話裡自然而然地會暴露出許多問題。比如對事物的態度，對事態發展的看法，今後的打算等等從談話中流露出來，被你的對手所瞭解，就會制定出相應的策略對付你。

3 沉默的智慧

孔子說：「人，慎言，勿多言，多言必敗；勿多事，多事多患。」南懷瑾也認為，遇事能不爭辯就不要爭辯，少說些爭辯的話，才不至於破壞關係，影響感情。

現實人生確實有許多事不能太認真，太較勁。特別是涉及到人際關係，錯綜複雜，盤根錯節，太認真，不是扯著胳膊，就是動了筋骨，越搞越複雜，越攪越亂。不如順其自然，適時沉默。

唐朝時，外國使者送給唐玄宗三個金人，並說：「陛下，這三個金人，一樣高一樣重，外表造型也一模一樣，但是它們之中有一個是最珍貴的，不知貴國之中是否有人能識出？」

眾大臣紛紛上前觀看，但沒有一個能夠說出答案來。

這時，一位白髮蒼蒼的老臣上前說：「陛下，我能辨出哪個是最珍貴的。」

玄宗大喜，說：「老愛卿，請說。」

那老大臣說：「容老臣看個仔細。」

老臣走上前去，從口袋中取出一根絲線，從第一個金人的一個耳朵穿進，結果，絲線從另一個耳朵穿出。絲線從第二個金人的一個耳朵穿進，結果絲線從口中穿出。在試第三個時，絲線從耳口穿進，卻掉進了肚中。

那老臣便說：「陛下，第三個絲線掉進肚中的金人是最珍貴的。」

外國使者一聽，驚異地說：「對，對，這第三個金人便是最珍貴的，貴國真是人才濟濟呀！」

原來那三個金人便代表世俗中的三種人：一種是對別人的話左耳進，右耳出，根本不知傾聽；一種是從耳朵聽進，便從口中說出；只有第三種人懂得傾聽，又知道沉默，所以說第三個金人是最珍貴的。

物以類聚，人以群分。所謂道不同則不相爲謀。這個紛繁複雜的社會，因形形色色的人們結成各式各樣的關係而精彩不斷。社會是由人與人構成的，人的個體秉賦不同，所結成的社會關係不同。

不同的社會階層，不同的利益主體，不同價值取向的人們都會結成大大小小的群體組織，通過一個個正式的，非正式的組織運轉，謀求個人利益最大化，享受團體提供的各種優惠便利條件，體現個人社會地位，同時也爲腐化墮落提供和創造了機會。

少數人的唯利是圖。爲了金錢或地位，不惜假話滿天飛。但有些人依舊保持沉默，因爲沉默有時可以自保，尤其在事與物不明狀況下，這是一種智慧的選擇。

心理學家認爲，環境不同，人們對話語的理解也會有所不同，並表現出不同的心理承受力。正因爲受特殊場合心理的制約，有些話在某些特定環境中說比較好，但有些話說出來就不一定好了。

同樣的一句話，在此說與在彼說有著不同的效果。因此，說什麼，怎麼說，一定要顧及說話的環境，如果環境不相宜，時機未到，那麼保持沉默便是最好的辦法。

在與別人相處時，誇誇其談，似乎眼界開闊，知識淵博，其實說多了給人的感覺是輕薄、膚淺和狂妄。沉默是無聲的語言，有一種埋藏在深處的震撼力。沉默可以積蓄力量，有力量的人更多的是以沉默的方式表現出來的。沉默並不代表思維停止，深邃的思想往往來源於貌似沉默的思索過程。暫時沉默的人，在沉默中積極思考，在聽取中有效取捨，往往能抓住要害，具有真知灼見，令人感佩折服。

4 話說三分

俗話說：「逢人只說三分話，未可全拋一片心」。精於世故的人的確只說三分話，或許你認爲他們是狡猾的，很不誠實，其實說話須看對方是什麼人，對方不是可以盡言的人，你即使說三分真話，已嫌過多了。

南懷瑾提倡與人相交要真誠，可是很多時候真誠的人卻往往受傷害。所以高明的人的原則就是：真誠但不和盤托出，親近但不過度親密。

曹操的手下聰明人很多，像郭嘉、程昱、荀彧、賈詡等哪一個都是才華橫溢。他們卻沒有因為有才華而被曹操殺掉，這是因為他們懂得藏拙。

在與曹操相處的過程中，他們瞭解了曹操的個性，因此，總是三緘其口，儘量不說話，就算是說，也是很隱晦地說。因而沒有遭到曹操的嫉恨。

曹操的二兒子曹植才思敏捷，聰明能幹，很得曹操的寵愛，他決心廢掉太子曹丕，立曹植。

廢長立幼在封建社會被認為是政治生活不正常的事情，會引發動亂不安，所以大臣們往往是不同意這樣做的。但做皇帝的卻不願意聽從臣子的意見，雙方鬧得很僵。曹操已經下了廢長立幼的決心，便不再願意聽臣子討論這件事。

有一次，曹操退下左右侍從，引謀士賈詡進入密室，向賈詡問話，賈卻沉默不語。曹操再問，賈還是不答。

這樣一連幾次發問後，曹操生氣了，責問賈詡：「和你講話卻不回答，到底為什麼？」

賈詡回答：「對不起，剛才正好考慮一個問題，所以沒有立即回答。」

曹操追問：「想到了什麼？」

賈答：「想到了袁本初、劉景升父子。」

曹操大笑，決心不再廢長立幼。

原來當年袁紹就是因為想要廢長立幼，結果導致幾個兒子之間互相不服，各自拉幫結派，互相爭鬥不休，這才給了曹操可趁之機，滅了袁紹。

孔子曰：「不得其人而言，謂之失言。」對方倘不是熟悉的人，自己暢所欲言，以快一時，對方的反應是如何呢？自己說的話，對方願意聽麼？彼此關係淺薄，自己並不是他的諍友，不適合與之深談，如果你好心說些逆耳的話，只會顯得自己很冒昧！

說話本來有三種限制，一是人，二是時，三是地。非其人不必說；非其時，雖得其人，也不必說；得其人，得其時，而非其地，仍是不必說。非其人，你說三分真話，已是太多；得其人，而非其時，你說三分真話，給他一個暗示，看看他的反應；得其時，而非其地，你說三分真話，正可以引起他的注意，如有必要，就可以擇地長談。

北宋時期，四川做官的詩人張詠和寇準是至交，聽說老朋友寇準高升當上了當朝宰相，張詠一方面為老朋友感到高興，另一方面卻為老朋友不太注重學習，知識儲備不足感到擔憂，他很想找個機會勸勸老朋友多讀些書。

時隔不久，寇準因事來到陝西，剛剛卸任的張詠也從成都來到這裡。老朋友相會，格外高興，寇準設宴款待，兩人無話不談。

臨分別時，張詠想趁此機會勸寇公多讀書，可是又一琢磨，寇準現在已是堂堂的宰相，怎麼好直截了當地說人家沒學問呢？

張詠略微沉吟了一下，慢條斯理地說了一句：「《霍光傳》不可不讀。」

當時寇準不明白張詠這話是什麼意思，可是老友沒有多說，便匆匆作別。回到相府，寇準趕緊找出此書仔細閱讀，當他讀到「光不學亡術，暗於大理」時，恍然大悟，自言自語地說：「張詠是希望我不要重蹈霍光的覆轍，不學無術，居功自傲。」

讀了《霍光傳》的寇準很快明白了張詠的用意，從此刻苦研讀史書，成了忠賢皆備、文略俱全的好宰相。

無論何時，說話都要留有餘地。提忠告時，不能把對方的路堵死，切勿將他批評得一無是處，否則很容易引起對方的逆反心理，最終忠告沒提成反倒被別人誤會存心不良；含蓄的指責同時，加些讚美效果會更好，比如：「你平時工作很努力，表現得也很積極，唯一的小毛病就是欠缺那麼一點穩重，如果做事前再謹慎些，前途就更明亮了。」用這種口氣跟他說話，對方感受到的不是批評而是鼓勵，肯定非常願意接受你的忠告。

同樣的一個忠告，可能會爲你贏得尊敬，也有可能惹來不必要的麻煩。所以點到爲止，留有餘地爲良策。

有一個書生向一位高僧尋求處事方法，高僧爲書生開了一副藥方，告訴他如何待人接物，藥方的內容是：熱心腸一副、溫柔二片、說理三分。

其中「說理三分」包括兩層含義：其一，這是一種技巧。倘若你有理，而對方又是個聰明人，你無須將你的理說得太過於詳細，只要一點對方就會明白，所以話說三分就足夠了，根本沒有必要畫蛇添足。其二：「說理三分」也突出了一種寬容處事的態度。人無完人，誰沒有點缺陷？雙方只要做到心知肚明，你再巧妙地點上幾句，別人自然清楚你的用意，而且還會感激你給他留面子，否則只會兩敗俱傷。

所以說說話不能太露，半含半露是一種大氣、一種涵養、一種風度。真正會做人的人，總是在指責他人的時候給其留一些臉面，把點到爲止運用得恰到好處。

5 謠言止於智者

孔子曰：「君子有九思：視思明、聽思聰、色思溫、貌思恭、言思忠、事思敬、疑思問、忿思難、見得思義。」

南懷瑾在《論語別裁》中對此作了解釋，他說：「如在文字表面上來解釋，就不必再講了，如『視思明』，當然看東西要看得清楚，但這並不是指兩個眼睛去看東西。現在眼睛看不清楚也沒有關係，街上眼鏡店多得很。這是抽象的，講精神上對任何事情的觀察，要特別注意看得清楚。同樣聽了別人的話以後，也要加以考慮，所以謠言止於智者。我經驗中常遇到趙甲來說錢乙，錢乙來說孫丙，我也常常告訴他們說，這些話不必相信，只是謠言。聽來的話要用智慧去判斷。」

戰國時期，秦軍進犯趙國，把趙國的門戶重鎮上黨團團圍住。趙王派廉頗率大軍救援，走到長平時，上黨已被攻下。面對秦軍的凌厲攻勢，久經沙場的廉頗知道秦軍銳氣正盛，便築陣相拒，擺出一副要打一場持久戰的陣勢。秦軍遠離本地作戰，意在速戰速決，可廉頗只守不攻。

秦軍害怕了，因為他們經不起拖！於是，便派人到趙國散佈謠言，說：廉頗年老軟弱，害怕秦軍，不敢出戰，要是讓年輕力壯的趙括帶兵，秦軍就會因為害怕而潰敗退走。趙王果然聽信謠言，派趙括前去接替廉頗為主將。

結果是趙軍大敗，四十餘萬大軍被秦將白起悉數坑殺。若不是魏國及時相救，趙國恐怕就被秦軍順勢給滅了。

愚蠢的人經不起謠言的迷惑，而智者卻往往能化謠言於無形。

同樣是在戰國時期，魏文侯派樂羊去攻打中山國，三年未下；在此期間，各種謠言紛起，說樂羊圍而不攻是想擁兵自立。

然而，謠言並沒有動搖魏文侯對樂羊的信任，他一面派使臣慰問前線的部隊，一面又加派作戰的兵力。打下中山國歸來之後，魏文侯送給樂羊兩個箱子，樂羊打開一看，頓時大驚失色、汗如雨下，原來箱子裡都是說他有異心的奏章。試想，如果魏文侯當時聽信了「樂羊想擁兵自立」的謠言，結果會是怎樣？恐怕中山國依舊是中山國，而樂羊卻早已成爲刀下之鬼了。

因輕信謠言，多少王朝走向沒落，多少同邦離心離德，多少事業毀於一旦，多少朋友成爲對頭。謠言無腿，卻能像風一樣四處遊走，一旦遇到昏庸發熱的頭腦，便會掀起狂濤駭浪，吞噬理智的航船，鑄成無法彌補的大錯。

漢昭帝十四歲那年，突然收到了一封事關重大的告密信，信中告發他身邊的輔政大臣霍光，最近正加緊步伐舉兵謀反，篡奪皇位。信中說的有根有據，言辭懇切。但是漢昭帝沒有很快下結論，他把這份奏章壓了下來，擱置一旁。

這種事關國家安危的大事就這樣被漢昭帝壓著，讓很多人心急如焚。密信的當事人，大將軍霍光更是如坐針氈。雖然他問心無愧，但是歷史上被冤殺的人不在少數，自己能否逃過這一劫還很難說。

第二天早晨上朝時，霍光失了常態，完全是一副等候發落的樣子。他連漢昭帝的面也不敢見，而是獨自坐在偏殿中，聽候皇上召問。

漢昭帝召見霍光，霍光連連向漢昭帝磕頭請罪，然而漢昭帝卻對霍光說：「那封揭發你的信，朕已經仔細研究過了，這是假的，不是燕王寫來的，朕相信你，你是無罪的。」

霍光見到皇帝替自己辯護，感動得老淚縱橫。

漢昭帝說：「大將軍檢閱羽林軍是在長安附近，調用校尉還是最近的事，總共不到十天。而燕王遠在北方，怎麼能對這些細枝末節瞭解得如此清楚呢？就算他都知道，馬上寫信送來，再快的速度也不止十天。再說，大將軍掌握兵權，如果真的要謀反，也用不著調一個校尉。這件事分明是京城裡有人在製造假案，他們想欺我年幼，假燕王之名來陷害大將軍。真是癡心妄想。」

孔子曰：立德立言立行。爲何如此看重立言？因爲言論是一種力量，可以左右人的思想和行爲。謠言也是一種「言論」，只不過它帶來的是危害。謠言的肆意傳播會破壞社會的穩定，造成大眾的恐慌。

羅斯福曾說：最大的恐懼是恐懼本身。面對謠言帶來的傷害，智者懂得反擊謠言的藝術，用事實作最好的反駁。在真相一時難以辯明時，用沉默去反擊，時間就是武器。生活中有許多謠言是不必在意的，沉默以待，是對謠言的蔑視，也是反擊。有時越是大張旗鼓地闢謠，謠言的不良影響反而越大。還有些謠言，任你怎樣澄清、闢謠，一時也難以辨別是非。但是，經過一段時間後，總是可以見分曉的。

6行動之前要思考幾次？

南懷瑾在《論語別裁》中對「季文子三思而後行。子聞之曰：再，斯可矣！」進行了分析。他說，孔子認爲季文子做事情太過小心，思慮太多。覺得三思對季文子來說已經多了，他思考兩次就夠了。

他以《易經》爲背景說：「世界上任何事情，是非、利害、善惡都是『相對』的，沒有『絕對』的。但是要三思就討厭了，相對總是矛盾的，三思就是矛盾的統一，統一了以後又是矛盾，如此永遠搞不完了，也下不了結論的。所以一件事情到手的時候，考慮一下，再考慮一下，就可以了。如果第三次再考慮一下，很可能就猶豫不決，再也不會去做了。所以謹慎是要謹慎，過分謹慎就變成了小器。」

社會快速多變，稍一猶豫，機會就在瞬間錯失。有的時候考慮得太多也不是好事，「當斷不斷，必受其難」。正如鮑威爾所說：「在作決策的時候，只需要掌握百分之四十至七十的資訊。資訊過少，風險太大，容易失策；資訊太多時，你的對手已經行動了，你就出局了。」

司馬懿善用兵，但生性多疑。疑則寡斷，諸葛亮正是利用他的這個弱點設計出對付他的計策，所以，才有了「空城計」、「死諸葛嚇跑活司馬」的經典故事。

在普法戰爭具有決定意義的色當戰役中，法軍元帥巴贊時而決定退向沙隆與主力會合，時而又決心在梅斯進行防禦，一再延誤戰機，喪失了決戰的優勢和主動。結果法軍大敗，不僅輸掉了一支強大的野戰軍，而且連法皇拿破崙三世也當了俘虜，並導致整個法蘭西第二帝國的崩潰。

用兵之害，猶豫最大；三軍之災，生於狐疑。因猶豫而失去進攻良機，還不如果敢的一試。

美國總統甘迺迪遇刺身亡後，副總統詹森抓住了這個機遇。他為了建立自己的威望，在即將到來的總統大選中獲勝，與共和黨候選人戈德華特針鋒相對。

詹森提倡民權法，主張擴大社會福利，得到黑人和一般工人的支持。戈德華特主張社會福利由法人辦理，反對黑人和白人同一所學校上學，主張在越南戰場上使用小型原子武器。他的主張得到少數的極右派狂熱分子擁護。

戈德華特的言論讓詹森抓住了把柄。詹森抓住機會，猛烈抨擊戈德華特。他讓人精心設計了一則電視廣告：

一個可愛的小女孩，一面摘著鮮豔的花瓣，一面數著數；這時配音出現，一個男低音指揮著施放原子彈。五、四、三、二、一、放！

接著一聲巨響，一團蘑菇雲緩緩升起，籠罩整個螢幕。

這則宣傳廣告放出後，立即引起美國民眾的注意。他們從中得知了一個重要訊息：戈德華特是戰爭販子，詹森才是和平的使者。

十幾天後，電視上又出現一則宣傳廣告：畫面上一個活潑可愛的小女孩，無憂無慮地吃著霜淇淋。之後，畫外音傳來了，一個慈母的聲音：「有一個人要當總統了，他要試爆更多的原子彈，他的名字就是戈德華特！」

這個廣告更進一步讓人想到戈德華特是個殺人狂，選他當總統就會有戰爭，他會殘殺更多像畫面上的小女孩一樣的鮮活生命。

詹森在和戈德華特競爭中，果斷的通過廣告宣傳，擊敗了戈德華特，最終在選舉中一舉獲勝。

《史記・淮陰侯列傳》說：「猛虎之猶豫，不若蜂蠆之致螫；騏驥之跼躅，不如駑馬之安步步。」意思是，老虎若是猶豫不決，不如蜂、蠍螫人厲害；千里馬若是徘徊不前，不如劣馬慢步前進。

過於謹慎而瞻前顧後，或思慮安危而勇氣不足，或多疑而七猜八想，或缺乏知識與經驗而不知所措，或面對各種意見而不能敏銳地加以分析判斷，或因一時失利以及情況突然而驚慌失措等等，都可能錯失良機。生活中，有很多人光說不做，總在猶豫；有不少人只做不說，總在耕耘。而成功與收穫總是光顧那些有了成功的方法並且付諸於行動的人。

7 不做自己無法勝任的事情

叔孫武叔毀仲尼。子貢曰：「無以爲也！仲尼不可毀也。他人之賢者，丘陵也，猶可逾也；仲尼，日月也，無得而逾焉。人雖欲自絕，其何傷於日月乎？多見其不知量也。」

南懷瑾解釋說：「叔孫武叔這個人，有一次毀謗孔子，子貢就勸他不要這樣做，『孔子不是你們毀謗得了的，別人學問好，道德好，那就好比山坡，的確崇高偉大，但還是可以慢慢爬到頂上去的。至於孔子的偉大崇高，像太陽、月亮一樣，是拿不到，摸不著的。一般人與他隔離關係，想不受孔子思想的影響，等於排拒太陽、月亮的影響一樣。太陽、月亮永遠照臨天下，你蓋一間房子想擋住他，太陽、月亮並不生氣，你房子裡總要有些亮光，這些亮光還是從太陽、月亮來的。就是說，你雖然不接受孔子的思想，但沒有關係，孔子的思想還是慢慢會影響到你，所以你想毀謗孔子，只不過是顯得你自不量力。』」

《左傳》有曰：「力能則進，否則退，量力而行。」

唐朝吳兢在《開元升平源》裡亦云：「朕當量力而行，然後定可否。」由此看來，有多大的能耐就做多大的事，切勿勉強。

有位大師武藝高強，人們千里迢迢前來學藝。

他們到達深山的時候，發現大師正從山谷裡挑水。挑得不多，兩隻木桶裡都沒有裝滿。按他們的想像，大師應該挑很大的桶，而且挑得滿滿的。

於是他們不解地問：「大師，你怎麼挑這麼少呀？」

大師說：「挑水之道並不在於挑多，而在於量力而行。一味貪多，適得其反。」眾人越發不解。

大師從他們中拉了一個人，讓他去山谷打滿兩桶水。

那人挑得非常吃力，搖搖晃晃，沒走幾步，就跌倒在地，水灑了一地，膝蓋也摔破了。

「水灑了，豈不是還得回頭重打一桶嗎？膝蓋破了，走路艱難，豈不是比剛才挑得還少嗎？」大師說。

「請問大師，挑多少才合適呢？」

大師笑道：「你們看這個桶。」

眾人看去，桶裡畫了一條線。大師說：「高於這條線就超過了自己的能力。凡事要盡力而為，也要量力而行。」

「量力而動，其過鮮矣。」這兩句多用於告誡人做事要量力而行，大意是：根據自己的實際能力去辦事，過失就會少些了。做事要根據自己的能力，按能力的大小決定做還是不做，做到什麼程度，不超過力所能及的範圍，這樣，事情成功的可能性就會大一些，不易出現失誤。否則，勉強行事，力不從心，就容易出現差錯，導致失敗。

做什麼事情都要根據自己的能力而定，做自己力不能及的事，只能讓自己頭破血流，或者誤入歧途。所以，我們在做事情的時候，要時時刻刻掂量自己，知道自己是誰，自己幾斤幾兩。不要過高估計自己的德行和自己的力量，不可以過低估計對方的德行和力量，一定要量力而行，量體裁衣，既要知己，也要知彼，只有這樣，方能有更多勝算。

有一個年輕人，有一天在逛集市的時候，看見一位老人擺了個撈魚的攤子。老人向有意撈魚的人提供漁網，撈起來的魚歸撈魚人所有。

這個年輕人一時善心大發，他想：「我要把這些魚都撈起來，全部放生。」於是，年輕人蹲下去撈起魚來，可是，他一連撈碎了三張網，連一條小魚也沒撈到。

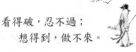

年輕人見老人瞇著眼看自己的狼狽相，心中似乎還在暗自竊笑，便不耐煩地說：「老爺爺，你這網子做得太薄了，幾乎一碰到水就破了，那些魚又怎麼能撈得起來呢？」

老人回答說：「年輕人，看你也是個明白人，怎麼也不懂呢？」

老人接著意味深長地說：「當你心生意念想撈起你想要的那麼多魚時，你考慮過你手中的漁網是否真的能夠承受嗎？追求不是件壞事，但是要完全瞭解你自己的能力呀！」

年輕人不服氣地說道：「可是我還是覺得你的網太薄，根本撈不起魚。」

「年輕人，你還不懂得撈魚的哲學吧！我看到你好幾次都撈到了魚，但每次都因為你撈得太多，以致網破魚漏！」

「這就如我們所追求的事業、愛情、金錢都是一樣的。當你沉迷於眼前目標的時候，你衡量過自己的實力嗎？」老人說。

年輕人思考著，似乎明白了什麼。

當一個人的理想超過能力的時候就是人生的悲劇，很多人做事不懂得量力而行，導致生命裡有太多不可承受之重。鮮花豔不到秋，就不要與菊爭，菊花香不到冬，莫要與梅鬥，人也是一樣，只有在適當的時候，做適當的事才會成功。

擁有遠大的理想不是壞事，但若超出了自身的實際能力，就未免顯得不合時宜了。所謂量力而行，就是合理定位，適時把握機會，這樣才能穩妥地達到目標。不考慮自己的能力，而一味追求遠大目標，只能是一事無成，空費精力。

「盈則滿，花至半開，酒至微醉，是爲最佳。」做自己無法勝任的事情，無疑是自找苦吃。只有量力而行，該放就放，當止則止，才能在輕鬆快樂的節奏中，收穫真正應該屬於自己的那份成功。

第九課

德不高則行不遠

1 有德朋友遍天下

南懷瑾說：「『據於德』是爲人處世的行爲，古人解說德就是得，有成果即是德，所以很明顯的，孔子告訴我們，思想是志於道，行爲是依據德行。」

南懷瑾還認爲，要想「得」，必須得有德行，無德行何談有朋友相助，何談大得。《三國演義》中的劉備，並沒有通天之才，但其桃園三結義、三顧茅廬，團結了張飛、關羽、趙雲、諸葛亮這一大群有才華的英雄來輔佐他，最終於西元廿廿一年稱帝。

有一天傍晚，魏國名士鮑子都在荒野行走，遇到一位書生突然心臟疼痛，鮑子都下馬為書生按摩心臟。

可是過了一會，書生就死了。鮑子都看到書生的口袋裡有一冊兵書和十個金餅，他賣了一個金餅，用所賣的錢將書生安葬了，並將剩下的九個金餅枕到書生的頭下，兵書放到書生的肚子旁邊。

幾年以後，鮑子都在路上被一個騎著黑白相雜的馬的人追趕。追上以後，那人說他是強盜，還問鮑子都把他兒子的屍體藏哪兒去了。

鮑子都如實說出當時的情形，並帶那個人來到書生的墓前，挖開墳墓將書生的屍體取出來。九個金餅仍在書生的頭下枕著，兵書還在書生的身旁放著。

書生的全家都非常感謝鮑子都的大仁大義，從此鮑子都的名聲也響了起來。

《道德經》上講人要「無爲而治」，中國人有三種境界，「有爲、無爲、無不爲」。「有爲」的人就是有才華的人，「無爲」的人就是有德行的人，大量有爲的人幫助少數無爲的人，讓無爲的人無不爲，這就是中國的文化。

九紋龍史進原是史家莊莊主，因與朱武等人結交而被官府派兵圍了史家莊。官府讓史進交出朱武三人，史進放火燒了自家莊園與朱武三人殺出重圍，從此流落江湖，朋友都言其仗義；李逵，原是江州一獄卒，結識了刺配江州的宋江，以兄長待之。後來宋江與戴宗被判死刑，李逵奮不顧身劫了法場，與梁山好漢救出宋江二人。雖其脾氣直，但人有德，人多不與其計較。這便是有德的人朋友遍天下。

古時候，有個書生，名叫荀巨伯。他的朋友生了大病，他千里迢迢過去探望朋友。很不巧，剛好有一夥強盜到他朋友居住的地方搶奪財物，村莊裡所有的人都跑掉了。

他的朋友就勸荀巨伯：「這裡太危險了，你趕快走！」

荀巨伯卻說：「你生病需要照顧，我怎麼能捨你而去？這樣敗壞道義的事我做不出來。」

荀巨伯走到屋外，跟那些強盜說：「我的朋友生病了，我不忍心拋下他。我寧願用我的性命來換取朋友的生命！」

他的真誠以及不畏生死的勇氣，感動了強盜，強盜首領對同夥說：「我們皆是無義之人，怎麼可以來搶奪這個有義的地方？」於是下令撤走。荀巨伯的大義凜然化解了這次災禍。

《易經》說「方以類聚，物以群分」。俗話也說：「龍交龍，鳳交鳳，穩龜交洞憨」。真正有智慧的人不是跟人家攀緣，而是提升自己的德行。

孔子說：「爲政以德，譬如北辰」；「德不孤，必有鄰。」意思是說，有德行的人就像北極星一樣，其他的星都圍繞在北極星身邊，人們也會聚集在有德行的人身邊；有德行的人一定不會孤單。

2有德無才難成事，有才無德辦壞事

南懷瑾說：「莊子借孔子之口講，一個能夠成道的人，能從世上昇華的人，或者要在世上做一番大事業的人，必須有兩個東西，一個是『全才』，一個是『全德』。全才就很難了，加上全德更難。有才無德入世很危險，不但危險了自己而且危險了世間；有德無才，可以出世修道，不能入世。」

南懷瑾認爲，有德有才可稱其爲仙才，他舉了下面一個例子加以說明。

李泌在廟裡讀書時，聽到一個和尚在念經，聲音悲涼委婉而有遺世之響，他認為這是一位得道的過來人。打聽之下，才知道原來是懶殘禪師。

這個懶殘禪師，普通人看都覺得他很懶，鼻涕流下來掛在胸口都懶得擦，專門吃廟上的殘羹冷飯。

李泌知道了懶殘禪師的事蹟後，在一個寒冬深夜，悄悄登門拜訪。正好碰到懶殘把撿來的乾牛糞壘作一堆當柴燒，他生起火後開始烤芋頭。

李泌一聲不響地在旁邊跪著，懶殘也像沒有看見李泌似的，一面在牛糞中撿起烤熟了的芋頭，張口就吃，一面又自言自語地罵李泌不安好心，要來偷他的東西。他邊罵邊吃，忽然轉過臉來，把吃過的沾上鼻涕的半個芋頭遞給李泌，李泌很恭敬地雙手捧來吃了。

李泌吃完後，懶殘說：「好！好！看你很有誠心，許你將來做十年的太平宰相吧！」不過，李泌始終不肯當官，一直是以客卿身分參與宮室大計，輔翼朝廷，運籌帷幄，可以說他是肅宗、代宗、德宗三朝天下的重要人物。

司馬光說：「德勝才者謂之君子，才勝德者謂之小人，自古以來，國之亂臣，家之敗子，才有餘而德不足也。」歷史上，有才無德的人大有人在。三國時代的蜀中大將魏延，論武藝在蜀中爲佼佼者，有萬夫不當之勇；論智謀，絕不遜於姜維等輩，可他終生未得重用，領兵打仗處處受掣肘，時時被諸葛亮控制於股掌間。究其原因，就是魏延才能高超，人品低下，令人難以放心任用，是有才無德的「危險品」。

有才無德之人爲什麼是危險品呢？原因在於這些人有才，有機會爬上高位；但他無德，往往利用他們的聰明才智幹一些小人的勾當，而且危害更大。

丁謂有「書過目輒不忘」之能。年少時，他隨做官的父親在涇州。父親的同僚見丁謂聰明機靈，頗有才氣，稱讚道：「此兒將來必定做大官。」

當時擔任長洲縣令的著名文學家王禹認為其「自唐韓愈、柳宗元之後，二百年始有此作」，當即贈詩云：「二百年來子不振，直從韓柳到孫丁。如今便可令修史，二子文章似六經。」

宋太宗淳化三年，丁謂登進士科，名列第四。

隨後，丁謂經人引薦，任工部員外郎，他與王欽若大營道觀，屢上祥異，以迎合帝意，不久升任參知政事。當時宰相是寇準，丁謂是寇準的副手，一方面寇準對丁謂有知遇之恩，另一方面寇準又是丁謂的頂頭上司。表面上丁謂對寇準還是畢恭畢敬，但內心早已把寇準作為自己的政治對手，希望能夠取而代之。

有一天，朝廷有宴席，丁謂一會兒恩師、一會兒宰相大人的向寇準敬酒，不料湯汁灑到了寇準的鬍鬚上。丁謂起而為之揩拂，即溜其鬚。

看到丁謂如此搖尾巴，寇準笑曰：「參政，國之大臣，乃為長官拂鬚耶？」說得丁謂既羞又惱，「溜鬚」之名也就流傳開來了。

丁謂拍上司的馬屁，結果拍到了馬腿上，這讓丁謂惱羞成怒。他羅織罪名極力排擠寇準，寇準被罷相貶官，滿朝文武敢怒不敢言。

乾興元年二月，宋真宗死，宋仁宗即位，年僅十三歲，太后聽政。

丁謂利用職位之便修改「詔書」，把真宗死因歸罪於寇準，並以此為藉口，將朝中凡是與寇準相善的大臣全部清除。

司馬光在《資治通鑑》中說：「夫聰察強毅之謂才，正直中和之謂德。才者，德之資也；德者，才之帥也。」他給聖人、君子、小人下了定義：「是故才德全盡謂之聖人，才德兼亡謂之愚人，德勝才謂之君子，才勝德謂之小人。」

德勝才，就能穩坐江山嗎？唐高宗爲人「正直中和」，不是個昏君。可是，有德無才的他，是導致唐王朝一度血腥遍野、李氏子孫幾乎被殺戮殆盡的根源。他沒失天下，是因爲他的對手有著相當的理智，有才，而又沒有沒完全失德。

世上才德雙全的人確實很少，有時不得不擇材而限用。

劉邦和項羽爭天下，無德成不了大事，無才卻是絕對打不贏的。基於當時的實際，劉邦首選才。既能容才，又會用才，這是劉邦成功的一個主要原因。歷史上有才無德而成大事的例子不少，前提得有會用才之人。

在用人方面，劉邦是絕世高手，他身邊既有張良、蕭何、曹參這樣的君子，也有陳平、韓信、英布這樣「才勝於德」的小人。韓信貪，英布反，都不是「正直中和」的君子，但劉邦成功的利用了他們，又及時地遏制了他們所帶來的危害。

3「巧言令色，鮮矣仁」

子曰：巧言令色，鮮矣仁。

南懷瑾解釋說：「什麼是『巧言』？用現在的話說就是會吹、會蓋。孔子說有些人很會蓋，講仁講義比任何人都講得頭頭是道，但是卻不腳踏實地。『令色』是態度上好像很仁義，但是假的，這些與學問都不相干。『鮮矣仁』——很少真能做到『仁』這個學問的境界，因爲那是假的。我們從電視中就看得到，那個小丑表演的角色，動作一出來，就表示『巧言令色』。」

孔子指出：「剛、毅、木、訥近仁」。不善於花言巧語，說話很直的人是可交之人，他們不會拍馬屁，也不會落井下石。

左伯桃聽說楚元王慕仁為義，遍求賢士，於是辭別鄉友，去尋賢主。

時值嚴冬，寒風刺骨，左伯桃衣裳盡濕。天色漸晚，他望見遠處茅屋之中，透出一點光亮。伯桃大喜，忙跑去叩門求宿。

不想，屋主也是一介書生，名叫羊角哀，平生只好讀書，立志報國救民。二人談得十分投機，相見恨晚。

左伯桃見羊角哀一表人材，學識又好，就勸他一同到楚國去謀事，羊角哀也正有此心思，遂帶了一些乾糧一同前往楚國。曉行夜宿，眼看乾糧將要用盡，天又降大雪，道路難走。

左伯桃兀自思量，這點乾糧若供給一人食用，勉強能到得了楚國。他知道自己學問不如羊角哀淵博，便情願犧牲自己，成全羊角哀的前程。

於是左伯桃故意摔倒地下，讓羊角哀幫忙搬塊大石來坐著休息。等羊角哀把大石搬來，左伯桃已經脫得精光，裸臥在雪地上，凍得只剩一口氣，羊角哀大慟而號。左伯桃讓他把自己的衣服穿上，把乾糧帶走，繼續前行去楚國謀事。言畢即死。

羊角哀來到楚國，見到楚王後，侃侃而談盡顯才能，楚元王大喜，拜羊角哀做中大夫，賜黃金百兩，綢緞百匹。羊角哀棄官不做，要去尋左伯桃的屍首。尋到之後，羊角哀為左伯桃香湯沐浴，擇一塊吉地安葬，並留下守墓。

一夜，羊角哀夢見左伯桃遍體鱗傷而來，訴說荊軻的凶暴。

羊角哀醒來之後，提劍至左伯桃墳前說道：「荊軻可惡，吾兄一人打不過他，讓小弟來幫你。」說罷，自刎而死。

是夜，狂風暴雨，雷電交作，隱隱聞喊殺之聲。至天明，發現荊軻的墳竟爆開來了。

這個事情被楚元王知道後，感其義重，給他們立了一座忠義祠，勒碑記其事，至今香火不絕。

現在很多人即使身處熙熙攘攘的人群之中，仍然感覺孤獨。孤獨源於內心，缺少志同道合的朋友是孤獨的主要原因，而德行修養的不足是朋友少的根本所在。

有時候，好像朋友一大堆，但真正的朋友卻寥寥無幾，大家彼此說著言不由衷的話，自己也覺得很無聊。在生活中，聽到的恭維話很多，有些是真心的，有些是假意的。真心的表揚聽起來心裡就很得意，假意的恭維雖然當時耳朵很舒服，可是心裡總覺得彆扭。爲什麼會彆扭呢？因爲對這一類人的本質是巧言令色。

荀子說：「非我而當者，吾師也；是我而當者，吾友也；諂諛我者，吾賊也。」所以能指出缺點的人，是最可交的朋友，雖然當時覺得難爲情，可是他們是對我們有益的。千萬要小心那些善於拍馬屁的人，他們被荀子稱爲「賊」。

巧言令色之人少有仁義，當他對你有所圖的時候，就會用花言巧語來打動你；反過來，當不再需要你的時候，就一定是另一副嘴臉。

鬱林王是齊武帝的孫子，他的父親文惠太子對鬱林王管束很嚴格。

鬱林王對眾人說：「世人都說有福的人是生在帝王家，在我看來當皇帝便是大罪，左右的大帥，動不動就被拘捕，比集市上的屠戶和賣酒的人還要差得多。」言談中流露出自己並不熱衷於皇位。

文惠太子生病期間，鬱林王侍候他時，滿臉悲傷，大聲痛哭，別人見他這樣，也都無不流淚。可他一回到自己房屋立即歡笑滿面，痛飲關酒，和平常一樣。

齊武帝到東宮來，鬱林王拜見後大哭，昏死過去又被救醒，齊武帝親自走下位抱住他，從此對他更加寵愛。

在文惠太子死前，鬱林王曾讓一位女巫楊氏禱告，祈求自己早日登上皇位。等到文惠太子死後，他認為是這因為楊氏禱告的結果，於是對楊氏更加敬重和信賴。

等到齊武帝有病的時候，鬱林王又讓楊氏日夜禱告上天，求齊武帝早死。

齊武帝病重的時候，鬱林王給自己親近的妃子寫信，在紙的中央寫一大「喜」字，周圍寫著三十六個小「喜」字環繞著。但在伺候齊武帝時，卻又是面容淒慘，淚隨聲下。

齊武帝每提到死，他都泣不成聲。齊武帝因此認為鬱林王必然能承擔起帝王的重任。誰知齊武帝的屍體剛剛裝入棺材，鬱林王就把齊武帝的歌伎全部招了來，演奏各種樂器。歌伎們雖然被迫演奏，但無不淚流滿面。

鬱林王當了皇帝後，三年不到，用空國庫。

生活中，也確有一些人花言巧語，陽奉陰違，當面一套背後一套，心口不一，言行相悖。他們嘴裡說的盡是誇讚別人的好話，可誇讚背後總是有自己的目的。有的人喜歡做老好人，對事對人無論好壞都是贊許，見風使舵，時間長了卻讓人生厭。

獻媚和虛偽的人，不能算作君子。

孔子的弟子宰予大白天睡覺，被孔子罵作「朽木」和「糞土之牆」。

孔子認爲宰予言行不一，說自己「以言取人，失之宰予」，並且從宰予那裡改變了自己以往的不足，說：「始吾於人也，聽其言而信其行；今吾於人也，聽其言而觀其行。於予與改是。」

4 讓人懼不如讓人敬

孟子曰：「王不待大——湯以七十里，文王以百里。以力服人者，非心服也，力不贍也；以德服人者，中心悅而誠服也，如七十子之服孔子也。」意思是說：使天下歸服的不一定是大國，商湯王只有方圓七十里，周文王只有方圓一百里，用武力征服別人，別人並不是真心服從他，只不過是力量不夠罷了；用道德使人歸服的，是心悅誠服，就像七十個弟子歸服孔子那樣。

南懷瑾也說：「所謂服與不服，在德不在力，權力使人服是霸術、霸道；道德使人自然順服，才是王道。但人生經驗告訴我們，一個人到了那個權位的時候，就很難講了。譬如我們平時常會說，假如我到了某一位置，一定公正，但是真的到了那一天，就做不到絕對公正。人總會受人情的包圍，例如，人家送高帽子，明知是高帽子，仍然覺得蠻舒服的，這就是要命的心理了。看戲容易作戲難，所以我們批評歷史容易，身爲當局者時，就真不容易了。所以一個人能夠做到公正廉明，真是一種最高的修養。」

秦始皇統一六國後，為了鞏固自己的統治，採取了一連串泯滅人性的做法。

首先，為了防止天下人起兵造反，他收繳了民間所有的兵器，熔鑄成十二個大銅人。

其次，他還採取了愚民政策，他不希望百姓讀書，因此進行了焚書坑儒。

從他登基的那天開始，他還動用了七十萬人力為自己修建陵墓，又徵調百姓修建長城。同時他還實行嚴刑峻法，當時有一種刑罰是割掉鼻子，據說秦朝割掉的鼻子多到沒有地方放。

他這一連串的暴行，終於激發了群眾的反抗，從陳勝、吳廣起，大量的起義運動不斷興起，尤其是六朝遺民紛紛起來反抗。

秦始皇通過鐵血打下的江山，只十幾年的時間就被推翻了。

《論語‧爲政》說：「哀公問曰：何爲則民服？孔子對曰：舉直錯諸枉，則民服。舉枉錯諸直，則民不服。」孔子的意思是，把正直無私的人提拔起來，把邪惡不正的人置於一旁，老百姓就會服從了；把邪惡不正的人提拔起來，把正直無私的人置於一旁，老百姓就不會服從統治了。

大多數的時候，讓人懼不如讓人敬。用殘酷的手段鎮壓，使得人人懼怕自己，身邊就不會有親人，會使自己成爲孤家寡人，這種懼累積到一定程度會在人們的心裡形成一種怨恨，一旦這種怨恨無法壓制，就會起來反抗；修身立德，使旁人信服自己，時間久了，這種信服就會形成一種信仰。「服眾」是我們要努力的方向，而「服眾」卻非常難做到。

「得人心者得天下」，只要能修身立德，別人自然會對我們心服口服，這樣才可以「王天下」，並且可以長久統治下去。周文王大德，因此人們紛紛遠離商地，投奔西土。對於領導者來說，讓人敬服的最好辦法莫過於保留自己的敵人。

一次麥熟時節，曹操率領大軍去宛城，沿途的老百姓因為害怕士兵，都躲到村外，沒有一個敢回家收割小麥的。曹操得知後，立即派人告知周邊的官吏：現在正是麥熟的時候，士兵如有踐踏責田的，立即斬首示眾。

命令傳出後，官兵們在經過麥田時，都小心翼翼，甚至下馬用手扶著麥桿，沒一個敢踐踏麥子的。老百姓看見了沒有不稱頌的。

可這時，飛起一隻鳥驚嚇了曹操的馬，馬一下子踏入麥田，踏壞了一大片麥子。曹操便要求官員懲治自己踐踏麥田的罪行。

官員為難地說：「我怎麼能給丞相治罪呢？」

曹操說：「我親口說的話都不遵守，還會有誰心甘情願地遵守呢？一個不守信用的人，怎麼能統領成千上萬的士兵呢？」隨即拔劍要自刎，眾人連忙攔住。

大臣郭嘉走上前說：「《春秋》上說，法不加於尊。丞相統領大軍，重任在身，怎麼能自殺呢？」

曹操沉思了好久說：「那麼，我就割掉頭髮代替我的頭吧。」說完揮劍割掉了自己的頭髮。

古人注重孝義，身體髮膚，受之於父母，不敢毀傷，剪髮在當時相當於一個非常大的刑罰。曹操通過這件事樹立了自己的形象，籠絡了人心。

戰國時期，孟子到各地去遊說他的仁道，有人說靠武力照樣可以稱霸，根本用不上講仁道。孟子說：「稱霸必須要以國富民強爲基礎，武力壓服並不能使人心悅誠服，而以仁道稱霸，則可以讓人心悅誠服，國力強大。」

宋代范文正公的《奏上時務書》裡說道：「臣聞以德服人，天下欣戴，以力服人，天下怨望。」所以說，以力服人會只會讓人感到恐懼和屈辱，恐懼之後，隨之而來的便是怨恨，只有以德服人，讓人心生敬意，才能使人真正的臣服。

5 虧錢也不能虧心

《論語・微子》有言：「柳下惠爲士師，三黜。人曰：『子未可以去乎？』曰：『直道而事人，焉往而不三黜？枉道而事人，何必去父母之邦？』」

這段話的意思是說，柳下惠作爲士師，三次上臺，三次都被罷免下臺，於是有一個人對他說，你何必一定要在魯國做事，出國去吧！到別的國家說不定有更好的地位。柳下惠答覆他說，一個人終身行直道，思想、行爲、做事完全是直的，走正路來做人家的部下，在任何一個國家社會做事，都一樣會有問題，都要吃虧，會被擠下來的。如果以歪曲的心思、手段來取得地位，以得功名富貴爲榮耀，並不想真爲國家社會做事，那又何必離開自己父母之國呢？

南懷瑾說：「祖宗都在這裡，一樣可以做事。換句話說，隨便在哪裡，決不走歪路，要走正路，在任何社會都是一樣很困難的。柳下惠的人品就在這裡，爲了貫徹人格的思想，爲了貫徹傳統文化以正道事人，以正道立身處世，忽視功名富貴，並不在乎，這就是他的人格。」

古時候有個書生叫李求，家境貧寒。

有一次，他外出求學，住在一家旅館裡。遇到一個準備進京趕考的書生，兩人一見如故，便相邀同行。

有一天，這位書生突然臥床不起。李求連忙為他請來郎中，並且按照郎中的吩咐幫他煎藥，照看著他按時服藥。可那位書生的病一天天地惡化，李求非常著急，經常到附近的百姓家裡尋找民間藥方，並且常常一個人跑到山上去挖藥店裡買不到的草藥。

一天傍晚，李求挖藥回來，他先到朋友的房間，看見書生氣色似乎好了一些。他心中一陣歡喜，關切地湊到床前問：「兄弟，感覺可好一些？」

書生說：「我剩下的時間不多了，這可能是迴光返照，臨終前兄弟還有一事相求。」

李求連忙道：「別胡思亂想，今天你的氣色不是好多了麼？只要靜心休養，不久就會好的。你不必客氣，有事請講。」

書生說：「把我床下的小木箱拿出來，幫我打開。」

書生指著裡面的一個包袱說：「這些日子，多虧你的照顧。這是一百兩銀子，本是趕考用的盤纏，現在用不著了。我死後，麻煩你用部分銀子替我籌辦棺木，將我安葬，其餘的都奉送給你，算我的一點心意，請務必收下。」

李求為了使其安心，只好收下銀子。

第二天清晨，書生真的去世了。李求遵照他的遺願，買來棺木，精心為他料理後事。剩下的銀子，李求一點也沒用，而是仔細包好，悄悄地藏在棺木下面。

不久，書生的家屬接到李求報喪的書信後趕到客棧。他們移出棺木後，發現了陪葬的銀子，都很吃驚。後來李求在朝廷做了大官，他仍誠信自守，深受百姓的愛戴，在文武百官中也是德高望重。

在生活中，有的人不被別人信任，肯定是做過不守信用的事。一次不守信用，就會在比人心中留下很難抹去的不守信的印記。可能我們暫時獲得某種利益或解決了眼前危機，但失去信用所隱伏的損失和危機更大。

真正講信用的人，追求的是「每一次」，不是「某一次」。只有這樣，方能維持不墜的信用。哪怕情況極其惡劣，也不讓諾言變成謊言。這正是傑出人士乃至一個國家，獲得人心的秘訣。明智之人，寧可蒙受眼前的損失，也不願失去長期的信用。

首富王永慶是一個「寧失財，不失信」之人。

有一次，英國建立百聯銀行、運通銀行和美國信孚銀行向台塑提供一千五百萬美元低息貸款，他們的唯一條件是讓王永慶簽下自己的名字，連抵押手續都一概全免。銀行對王永慶這樣的信任是有原因的。

有一年，台塑為快速擴大規模，通過發行新股進行融資。王永慶當時明確表示每股將以兩百五十元的價格抛出。隨後，石油危機爆發，以石油產品為原料的台塑頓時遭受重創，股價隨之大幅下挫，跌到每股兩百四十一元。

為了讓買新股的人放心，王永慶表示，如果當年六月三十日的收盤價格沒有突破兩百四十四元，台塑將以這一天的收盤價作為標準，補足差價。然而收盤價只有兩百零七元。於是，王永慶按最初的承諾補足兩百五十元。

為此，台塑一共損失四千多萬元，開創了股市前所未有的先例。

對此，王永慶卻說：「做生意，不能光盯著錢看，應該把眼光放遠點。雖然損失四千多萬，但換來的是千金難買的信譽。」

《淮南子》說：「人先信而後求能。」一個人有才能而少信用，難以作爲；一個人才能平平而信用足備，卻有可能成大器。一些政壇巨擘，比如劉邦、劉備、朱元璋這些人，學問並不高，也沒有過人之智謀，卻能成就豐功偉業；一些商界巨賈，如胡雪巖、王永慶、李嘉誠等這些人，讀書並不多，也沒有什麼背景，卻能富甲天下。一個很重要的原因是，他們具有很雄厚的信用資本。

任何偉業，都不是獨自一個人能夠完成的，必須有他人的參與，並且參與者人數越多、素質越高，事業就做的越大。但是，每個人做事，都要有回報。大家把智謀體力交給一方，就像錢存在銀行一樣。這家銀行光收錢不兌現，大家怎麼敢往你這裡存錢呢？如果大家對其確信無疑，就會全力以赴爲你做事，眾志成城，什麼大事做不成？

6 誠信是永恆的美德

南懷瑾講為政的誠信，他說：「早上下的命令，晚上認為不對，去趕快改過來，究竟哪個對？老百姓搞不清楚，這就是大問題。所以孔子說做人、處世、對朋友，『信』是很重要的，無『信』是絕對不可以的。尤其一些當主管的人，處理事情不多想想，驟下決定，隨時改變，使部下無所適從，所以孔子說：『人而無信，不知其可也。』」

子曰：「人而無信，不知其可也。大車無輗，小車無軏，其何以行之哉？」

南懷瑾解釋說：「輗和軏，是古代車子上的車桿。大車是牛車，輗就是牛車中間的大樑，套在牛肩上；小車是馬車，軏就是馬車上掛鉤的地方，這都是車子上的關鍵所在。他說做人也好，處世也好，為政也好，言而有信，是關鍵所在，而且是很重要的關鍵。有如大車的橫桿，小車的掛鉤，如果沒有了它們，車子是絕對走不動的。」

不僅為政如此，經商更應如此。

李嘉誠常說：「你必須以誠待人，別人才會開誠佈公，別人才會以誠相報。」

從一名窮困的打工仔到華人超級富豪，李嘉誠開創的商業神話更能說明創業初期就要講究誠信、樹立商譽的道理。用李嘉誠自己的話說就是：「信譽第一，以誠相待，除此之外，別無他法。」

李嘉誠在銀行有著很好的信用，銀行願意在其無任何抵押的情況下，提供大額度信用貸款。李嘉誠從此在商界站穩了腳跟，也源自於次誠信危機。

有一次他對生產進行改革，一時間訂單紛至遝來，由於供求嚴重失衡，李嘉誠聽從下屬建議，降低了產品品質。結果許多客戶要求退貨，銀行追債，客戶追款，瀕臨破產。

這天，母親莊碧琴叫來李嘉誠：「兒啊，給媽媽泡一道工夫茶。」

李嘉誠用道地的鳳凰茶給媽媽泡上一道潮州工夫茶。

莊碧琴吩咐李嘉誠坐下來，品了幾口茶後，問：「你認識老家開元寺法號叫元寂的那個住持麼？」

未等李嘉誠回答，莊碧琴繼續說道：「元寂年事已高，希望找個合適的接班人。候選人是他的兩個徒弟，一個法號一寂，另一個法號二寂。」

李嘉誠靜靜地聽著母親說，並不插話，只是給母親滿上一杯工夫茶。

莊碧琴呷了一口工夫茶，又接著說：「元寂把這兩個徒弟都叫到跟前，說：『我現在給你倆每人一袋稻穀，明年秋天以穀為答卷，誰收穫的穀子多，誰就是我的接班人。』第二年秋天到了，一寂挑來滿滿的一擔穀子，二寂則兩手空空。元寂卻當眾宣布二寂擔當接班人。」

李嘉誠打斷母親的話：「不是說好誰收穫的穀子多，就選誰當接班人麼？」

莊碧琴笑了笑，說：「是的。一寂聽了，不服氣地說：『分明我收穫了一擔穀子，二塵顆粒無收，怎麼能夠讓他擔任住持啊！』元寂微微一笑，高聲地對眾人說：『我給一寂和二塵的穀子都是用滾水煮熟的。顯然二塵是誠實的，理應由他來當住持。』於是，眾人悅服。」

莊碧琴話鋒一轉，「經商如同做人，誠信當頭，則無危而不克了。」

李嘉誠聽罷母親的話，看著杯中的龍井茶，深有感悟。

不久，李嘉誠的誠信打動了銀行、供貨商和員工，形勢因之好轉，危機成就了商機。李嘉誠從此在商界站穩了腳跟。

有一次鐵拐李爲了褒揚酒館老闆，從自己的酒葫蘆裡倒出了幾滴酒，囑咐他用一缸水兌一滴酒。酒館老闆依言而行，果然，美酒鮮美無比，許多人慕名而來，小酒館生意興隆。後來，酒館老闆爲了追求更多利潤，用十缸水兌一滴酒。鐵拐李知道後立馬讓他傾家蕩產。

許多生意人爲了追求個人財富的最大化，將「誠信」二字棄之如敝屣，不擇手段地制假賣假，坑蒙顧客。經商者如果背棄誠信，時間久了，生意就會做不下去了。

古時有位叫陶四翁的人，寧可自己遭受損失也不去坑害別人。

陶四翁是個開染布店的，他為人忠厚，做生意講求信譽，在鎮上有口皆碑。

一天，有人來推銷染布用的原料紫草，陶四翁沒有懷疑，用四百萬錢買下了那些紫草。

不久一個買布的商人來店裡進貨，他看見了這些紫草，便告訴陶四翁說這些都是假的。

陶四翁大吃一驚，還有些不相信。

商人教陶四翁檢查紫草的方法，陶四翁照商人說的一試，果然是些假紫草。

這時商人說沒關係，這事包給我了，假紫草仍然可以用來染布，價錢便宜點拿到市場上去賣掉就行了。

第二天，商人再來進貨，陶四翁卻沒有一匹染布，他還當著商人的面把那些假紫草全都燒了。

其實，當時陶四翁並不富有，卻寧可受損也不去坑害別人。他的言傳身教影響了他的後代，他的子孫們也像他一樣誠信不欺，最後都成了大富商。

上世紀八〇年代，英國的巴林銀行計畫在新加坡設立分行。時任新加坡總理的李光耀派人考察後，發現該銀行信用不佳，遂毅然拒絕。英國首相為此多次與李光耀交涉，亦無結果，以致兩國關係也一度受到影響。

幾年後，巴林銀行破產，英、美、法、日等發達國家因此蒙受了巨大損失。直到這時人們才發現，新加坡的信用環境是最好的。國際資本開始向新加坡聚集，新加坡逐漸成爲亞洲金融中心。

經營生意只有童叟無欺才能獲得顧客的認可，從而得到長遠的發展。真正做到誠信經營其實並不容易，要經得起小利的誘惑，臨時起意，只能讓自己經營的信譽毀於一旦。

7 捨生而取義者也

南懷瑾在《孟子旁通》裡寫道：「在現實的人生中，只爲自己一身的動機而圖取功名富貴的謀身者，便是凡夫。在現實的人生中，如不爲自己一身而謀，捨生取義，只爲憂世憂人而謀國、謀天下者，便是聖人。」

見人有難，能夠沒有私心，傾其所有予以幫助救濟，即使失去性命也在所不惜，這樣重德重義的人必定受到尊重。

東漢時期，有位名叫劉翊的人，家中富足，重義守德，經常救濟窮人。

有一次劉翊在外旅行，遇見一個叫張季禮的人車子壞了，可他要到遠方趕赴恩師的喪禮。

劉翊見狀，立即下車，將自己的車子讓給張季禮，而且沒有說自己的名字，騎上馬便走了。

張季禮經過多方打聽，知道了幫助他的正是傳聞中重德重義的劉翊，於是專程來到潁陰，想把車子還給劉翊，可劉翊知道後關上門，讓人說自己出去了，不同張季禮相見。

郡縣連年饑荒，劉翊努力幫助那些缺糧斷糧的人，靠他救濟活下來的有幾百人。鄉里宗族中只要有人需要幫助和救濟，他總是全力幫助救濟。

後來他因為立功被皇帝下詔任命為議郎。劉翊將自己手上持有的珍寶全部分給了他人，自己僅留下車馬赴任去了。出了函谷關幾百里地後，劉翊發現一位士大夫病死在路旁，劉翊就用自己的馬換了棺材，脫下自己的衣服將死者收殮了。

走了一段路，又遇到以前認識的一個人在路上窘困饑餓，劉翊不忍心丟下他，便將駕車的牛又殺了，用來解除這人的困乏。

大家都曾勸阻他，可是劉翊說：「見死不救，這可不是有志之士。」後來，劉翊自己卻因饑餓而死。

古代有很多捨生取義之人，爲人所敬仰，流芳百世。

曹操「挾天子以令諸侯」，被視爲國賊。一位洛陽名醫名喚吉平，忠漢室，與漢國舅董承等人共謀誅曹。他打算在爲曹操送藥時下毒，卻不慎洩露了天機。曹操命人痛打吉平，逼他招出何人指使。吉平血流滿階仍只是痛罵曹賊，後撞階而死。在羅貫中筆下，他是有名的忠義之臣。

清末，戊戌變法失敗後，譚嗣同「有心殺賊，無力回天」。他堅信「不有行者，無以圖將來；不有死者，無以酬聖主」，泰然赴死，留下「我自橫刀向天笑，去留肝膽兩崑崙」的名句。

楚國太子的老師伍奢遭費無忌陷害後，其子伍子胥爲躲過追殺逃出邊境昭關，一路馬不停蹄奔向吳國，可吳國對岸的一條江使得他只有望吳「興嘆」。就在追兵將至的緊要關頭，河中心蘆葦叢裡飄然而出一葉扁舟，舟上有一人叫「漁丈人」，得知子胥遭遇後立即渡其過河。

上岸後，伍子胥請求「漁丈人」千萬不要洩露自己的去處，深明大義的老人看得出子胥是個人中英傑，爲消除其疑慮使其安心實現抱負，在江心自沉而亡。

東漢汝南人繆肜少年喪父，兄弟四人成家後，婦人們都開始想分家，並因分配不均而起爭執。

繆肜關起門來自己打自己說：「繆肜，你向聖人學習，準備用來整治風氣習俗，為什麼不能治理好自己的家呢！」家人聽說後，都去向其請罪，從此一家人和睦相處。

繆肜在縣衙擔任主簿，後來有人誣告縣令，縣衙中的大小官吏都被抓去拷問，佐吏們都很害怕，為了避免惹禍上身，他們全都做了誣陷。

只有繆肜一人堅持說真話，結果他被拷問毒打，轉換了五個監獄。就這樣經過四年時間，縣令終於被免罪釋放，持正不屈的繆肜也被釋放出來。

太守梁湛病逝，繆肜將梁湛的靈柩送回家鄉安葬，當時正遇上西羌反叛，梁湛的妻子和孩子都躲避戰亂去了，繆彤卻留下來為梁湛造墳沒有離開，他偷偷在井旁挖了個洞，白天藏起來，晚上就挖土，直到叛賊被平定，繆彤才把墳造好。梁湛的妻子以為繆彤早已經死了，回來後看見他後大為吃驚。

眾人都讚美繆彤不惜自己性命，以義為重的美德，贈送給他車馬、財物、衣服等，繆彤卻一點不接受，回到了家鄉。

何謂義？「義者，所以合宜也。」《淮南子・齊俗》說「爲義者，佈施而德。」一個人在社會生活中，於私於公，行所當行，言所當言，做當做之事，這就是「義」。儘管不同社會、不同時代「義」的具體內容會有所不同，但「義」的精神是有共性和延續性的。從亞聖的「言必信、行必果」到孟洛川的「經道義，營民生」，「顧國謀利」，到了今天，在某些不良的社會風氣面前，「義」的精神，「天下之公義」的彰顯，更顯得彌足珍貴。

8 禮儀之道絕非小事

子曰：「禮之用，和爲貴，先王之道，斯爲美，小大由之；有所不行，知和而和，不以禮節之，亦不可行也。」

南懷瑾說：「禮是幹什麼的？是中和作用，說大一點就是和平。這也就是禮的思想。人與人之間會有偏差，事與事之間有矛盾。中和這個矛盾，調整這個偏差，就靠禮。那麼法律也就是禮的作用，在法律的原則下，理國乃至辦事的細則，就是禮的作用。假如沒有禮，社會就沒有秩序，這怎麼行呢？所以人與人之間要禮，事與事之間要禮，而禮的作用，就是調整均衡。」

北宋時期，楊時才華出眾。中了進士後，他放棄做官，繼續求學。

程顥、程頤兄弟倆是當時很有名望的大學問家。楊時仰慕二程的學識，投奔洛陽程顥門下，拜師求學，四年後程顥去世，楊時又繼續拜程頤為師。這時他年已四十歲，仍尊師如故，刻苦學習。

一天，大雪紛飛，天寒地凍。楊時碰到一個疑難問題，便冒著凜冽的寒風，約同學游酢一同前往老師家求教。當他來到老師家後，看見老師坐在椅子上睡著了，他不忍打攪，怕影響老師休息，就靜靜地侍立門外等候。

老師一覺醒來時，他們的腳下已積雪一尺深了，身上飄滿了雪。老師忙把楊時和游酢請進屋去，為他們講學。

在《論語別裁》中，對於禮儀，南懷瑾舉了一個孔子與其弟子對話的例子。

春秋戰國時代，社會風氣已開始衰敗，有些禮儀的精神，也慢慢跟著衰落變化了，子貢當時準備去掉祭拜時候用的餼羊。

子貢當時想，祭拜何必要殺一隻羊呢，這隻羊可以省下來。

孔子對子貢說，「你的主張也對，爲了經濟上的節省而不用羊也好。不過我不主張去掉，不是爲了這隻羊要不要省，而是因爲牠代表了一種精神。固然不用象徵性的東西，只要內心誠懇就可以，但現在的人，真正誠懇的心意發不起來了，就必須要一件象徵性的東西才能維繫得住，所以你捨不得這隻羊，而我更重視這禮儀和其精神內涵。」

有一天，張良在橋上散步。他碰到一個老人，穿著粗布短衣，走到張良旁邊後，故意把鞋子掉到橋下。然後回過頭來衝著張良說：「下橋去給我把鞋子拾上來！」張良聽了一愣，但一看他是個老人，就到橋下把鞋拾了上來。

那老人又說：「把鞋子給我穿上！」

張良一想，既然已經給他拾來了鞋子，不如就給他穿上吧，於是就跪在地上給他穿鞋。那老人把腳伸著，讓張良給他穿好後，就走了。

老人走了一會兒又折回身來，對張良說：「五天後，天一亮，就到這裡，我送你件東西。」

第五天天剛亮，張良就到了橋上。不料那老人已經等在那裡，見了張良就生氣地說：「和老人約時間，怎麼可以遲到？五天後再來吧。」

那一日，雞叫第一聲時，張良就趕去，可是那老人又等在那裡了，見了張良又生氣地說：「五天後再來！」

五天後，張良沒到半夜就趕到橋上，等了好久，那老人也來了，他說：「這樣才好。」然後拿出一本書來，指著說道：「認真研讀這本書，就能做帝王的老師了！十年後，天下形勢有變，你就會發跡了。十三年後，你會在濟北郡穀城山下看到我——那兒有塊黃石就是我了。」老人說完就走了。

十年過去了，陳勝等人起兵反秦，張良也聚集了一百多人回應。沛公劉邦率領了幾千人馬，張良歸附於他。後來他成了劉邦運籌帷幄，決勝千里的軍師。

劉邦稱帝後，封他為留侯。張良始終不忘那個給他《太公兵法》的老人。十三年後，他跟隨劉邦經過濟北時，果然在穀城山下看見有塊黃石，並把它取回，稱之為「黃石公」，作為珍寶供奉起來，按時祭祀。張良死後，家屬把這塊黃石和他葬在一起。

俗話說「禮多人不怪」，懂禮節，尊禮節不僅不會被別人厭煩，相反還會使別人尊敬你，認同你，親近你，無形之中拉近了同他人的心理距離，也爲日後合作共事創造的寬鬆的環境，會使事情向好的方面發展，也會有個好的結果。

相反，若不注重這些細節問題，犯了「規矩」就可能使人反感，甚至會使關係惡化，導致事情朝壞的方向發展。所以，在把握原則問題的前提下還應注重禮節，並盡可能地遵守這些禮節，才能確保事物的正常發展。正如孔子所說，禮的根本是發自內心的「和」。發自於心，結合禮節常識，處世便遊刃有餘。

第十課

心存孝義自感天

1 行孝宜趁早

《論語》有言：「孟武伯問孝。子曰：『父母唯其疾之憂。』」意思是說，孟武伯向孔子請教什麼是孝。孔子說：「對父母，要特別為他們的疾病擔憂。這樣做就可以算是盡孝了。」

南懷瑾說：「小孩病了，自己要上班，家裡錢又不夠，坐在辦公室裡，又著急，又出汗，又不敢走開，只能在心裡記掛著。這種心境就是『父母唯其疾之憂』。孔子對孟武伯說的話意思就是，對父母能付出當自己孩子生病時那種關心的程度才是孝道。」

能夠像父母關心孩子一樣關心自己的父母的確是至孝。我們的一生似乎總是有忙不完的事情要做，在我們不斷成長的過程中，獨獨忽略了父母逐漸衰老的事實。能夠奉養父母，承歡膝下的時間也隨之流逝。

孝是經不起等待的，盡孝要趁早。然而，在我們的周圍總是有一些人，常常忘了在節日的時候給長輩一個問候，在父母最需要的時候不在身邊。他們總是有太多的理由和藉口不回家探望父母，壓力太大，工作太忙成為最常用的托詞。

然而，世間真情可貴，親情又怎麼能用金錢來衡量呢？賺錢不應該成為冷落親人的理由。常常看到有的子女在等到父母離他們而去的時候，才想到欠親人的實在太多，但是卻已經沒有了補償的機會。

孔子外出，聽到有哭聲非常悲切。

孔子說：「快趕車，快趕車，前邊有賢者。」到了哭聲傳來之處，發現原來是臯魚，他披著麻布短襖，抱著鐮刀，在路邊哭。

孔子下車對他說：「你家裡莫非有喪事？為什麼哭得這麼悲傷呢？」

臯魚說：「我有三件事情做錯了。年少時出外學習，遊歷諸國，回來後雙親已死，這是第一錯；因為我的志向高遠，所以放鬆忽略了侍奉國君的大事，這是第二錯；我跟朋友雖交往深厚，但卻逐漸斷了來往，這是第三錯。樹欲靜而風不止，子欲養而親不待，逝去了就永遠追不回來的是時光；過世後就再也見不到面的是雙親。請讓我從此告別人世吧。」於是站立不動被太陽暴烤枯槁而死。

孔子說：「你們應引以為戒，經歷過這件事，足以讓人知道該怎麼做了。」在這之後有十三位學生向他辭別，要回家贍養雙親。

古人李密爲奉養母親，毅然放棄千金俸祿，寫下「臣密今年四十有四，祖母今年九十有六，是臣盡節於陛下之日長，報養劉之日短也。烏鳥私情，願乞終養」。

俗話說：「要知親恩，看你兒郎；要求子順，先孝爹娘。」我們如何對待父母，兒女就會如何對待我們。「父母呼，應勿緩；父母命，行勿懶。」盡孝要趁早，孝敬莫等待。別等到再也沒有孝敬母親的機會，後悔莫及、遺憾終身。

2 孝是一種回報的愛

《孝子經》有言：「親之生子，懷之十月，身爲重病。臨生之日，母危父怖，其情難言。既生之後，推燥臥濕；精誠之至，血化爲乳；摩拭澡浴，衣食教詔。」

意思是說，母親孕育子女，十月懷胎，受盡艱辛。將到臨盆之日，備受痛苦，生命也面臨危險，做父親的因擔心母子生命安全，陷入焦慮和恐怖之中，此中心情難以言表。及至生下幼兒，把乾的地方讓給幼兒，自己睡在濕的地方。育兒之心，感動天地，血液化成乳汁餵養孩兒。擔心久躺傷身體，不停爲其按摩、翻身、洗澡，教會孩子吃飯穿衣。

欠人東西要還，這是天經地義的事。

明末清初文學家金聖嘆曾經給兒子寫信道：我們雖然是父子，但是最初你也沒有指定要我作你的父親，我也沒有指定要你作我的兒子，大家是撞來的；因爲是撞來的，所以彼此之間沒有交情可談。但是話說回來，我和你的母親兩個人，從替你揩大便小便開始，照顧了你二十年。我們現在不要求你孝不孝，這些都是空話，只要求你把我們照顧你二十年的感情，也同樣照顧我們兩個人二十年就夠了。

古時父母去世，做子女的要為其守喪三年。

宰予不解地去問孔子，說：「服喪三年，時間太長了。君子三年不講究禮儀，禮儀必然敗壞；三年不演奏音樂，音樂就會荒廢。舊穀吃完，新穀登場，鑽燧取火的木頭輪過了一遍，有一年的時間就可以了。」

孔子說：「才一年的時間，你就吃起了美味，穿起了錦衣，你心安嗎？」

宰予說：「我心安。」

孔子說：「你心安，你就那樣去做吧！君子守喪，吃美味不覺得香甜，聽音樂不覺得快樂，住在家裡不覺得舒服，所以不那樣做。如今你既覺得心安，你就那樣去做吧！」

宰予出去後，孔子說：「宰予真是不仁啊！小孩生下來，到三歲時才能離開父母的懷抱。服喪三年，這是天下通行的喪禮。難道宰子對他的父母沒有三年的愛嗎？」

南懷瑾說：「小孩子三歲才能離開父母的懷抱。尤其古時沒有牛奶，要三年才能單獨走路。後來二十年的養育且不去管，這三年最要緊，就算是朋友吧，這兩個老朋友，這樣照顧了你三年，後來他們死了，這三年的感情，你怎麼去還？所以三年之喪，就是對於父母懷抱了我們三年，把我們撫養長大了的一點點還報。」

閔損是孔子的弟子。他生母早死，父親娶了後妻，又生了兩個兒子。繼母經常虐待他，冬天，兩個弟弟穿著用棉花做的冬衣，卻給他穿用蘆花做的「棉衣」。

一天，父親出門，閔損牽車時因寒冷打顫，將繩子掉落地上，遭到父親的斥責和鞭打。蘆花隨著打破的衣縫飛了出來，父親方知閔損受到虐待。父親返回家，要休逐後妻。

閔損跪求父親饒恕繼母，說：「留下母親只是我一個人受冷，休了母親，三個孩子都要受凍。」父親十分感動，就依了他。

繼母聽說後，悔恨知錯，從此對待他如親子。繼母老時，閔損像其親子一樣送其終老。

父母的愛就如同春日的陽光，子女寸草之心報答都報答不完，更不要說，有很多人還要找理由推託責任了。

父母給了我們生命，小心地呵護著我們成長，讓我們一步步的走向成熟，這當中父母爲我們付出了多少心血，回報父母的這份愛，理所應當。

3 贍養父母並不等於懂孝

子曰：「今之孝者，是謂能養。至於犬馬，皆能有養。不敬，何以別乎！」意思是說，如今所謂的孝，只是說能夠贍養父母便足夠了。然而，我們對於一匹馬，一條狗也是養活。如果不存心孝敬父母，那麼贍養父母與飼養犬馬又有什麼區別呢？」

南懷瑾說：「現在的人不懂孝，以爲只要能夠養活爸爸媽媽，有飯給他們吃，每個月寄五十或一百元美金給父母享受享受，就是孝了。還有許多年輕人連五十元也不寄來。所以現在的人，以爲養了父母就算孝，但是『犬馬皆能有養』，飼養一隻狗、一匹馬也都要給牠吃飽，有的人養狗還要買豬肝給牠吃，所以光是養而沒有愛的心情，就不是真孝。孝不是形式，不像養狗養馬一樣。」

一位老人去拜見禪師，她說：「大師，我皈依淨土三年了，但在這三年裡，我殺了很多動物，所以今天我要懺悔，希望消除我所犯的罪過。」

禪師覺得很奇怪，於是就問她：「你為何皈依之後還殺生呢？」

老人說道：「大師啊！我是身不自由，我家的兒女，說我信佛是迷信，所以她們故意買活的動物過來讓我殺，我不殺，他們就生氣，所以我為了家庭，經常殺生做菜。我每次殺生的時候，偷偷的哭，可是沒有辦法，他們還讓我吃肉，他們總說我的身體不好，要補身體，他們這樣做，認為非常孝順，可是對我來說，我的生活就像地獄。從今天起，我再也不想回家。」說完，老人已淚流滿面。

現在許多人所謂的「孝順父母」都只是給他們吃好的，穿好的而已，從來都不會去在意老人心裡的想法。他們心中對於父母沒有多少愛，這麼做只是迫於社會道德輿論的壓力，他們的孝順只是爲了完成責任。

誠然，我們說孝順父母是我們應盡的責任和義務，但是當這份「孝順」變得只有責任，而沒有一絲一毫的愛的時候，這也未免顯得太悲哀了。

我們經常能聽到這樣的事情，說某某富豪爲了給家裡的長輩辦喪事，花了多少錢多少錢，請了多大牌的明星來表演，又修了多麼豪華的墓地，把喪事辦得轟轟烈烈，熱熱鬧鬧。但是，再好的演出、再豪華的墓對死者又有何用呢？身前不思孝順，死後即便用金子來埋葬又有何益。只不過是爲了滿足兒女們的虛榮心，迷惑世人的眼睛罷了。

從前有一位母親生了兩個兒子，日子過得非常愜意。

直到有一天，母親突然得到重病，生命垂危之際，兄弟兩人請來了名醫。

名醫診斷之後說：「這種病只有用虎骨配藥才能醫治。」

母親說希望哥哥去找老虎，但此時哥哥心中卻想：「母親也太自私，她自己不想死，讓我去找老虎，不是讓我去送死嗎。況且母親已經老了，能治好也只能多活幾年。況且我也沒有能力啊，我碰見老虎多半還會被牠吃掉，為了馬上死的老人，失去自己的性命這也太不值了。」所以哥哥找了很多藉口推辭。

然而，弟弟卻決定幫助母親去尋找虎骨，弟弟說：「母親生我養我，如此大恩，就算母親只能多活一天，失去我的生命，我也心甘情願。」

聽了弟弟的話，哥哥非但沒有感到慚愧，反而想：「若是弟弟去找虎骨，而我沒有去，豈不是顯得我很不孝順，只有我們兩個人都不去，別人才不會說什麼。」於是哥哥便千方百計地阻止弟弟去尋找虎骨。最後，他們的母親因為得不到虎骨，耽誤了治療而病死。

現代社會，孝道漸漸地流於形式，許多人的「孝順」不是爲了老人，而是爲了自己，他們不在乎老人到底生活得怎麼樣，只要世人覺得他們孝順，那他們的目的就達到了。

曾子論孝說：「大孝尊親，其次不辱，其下奉養。」意思是，孝順父母有三個層次：最大的孝就是使自己父母得到尊敬，讓父母以自己爲榮，引以爲傲；其次不辱，意思是就算不能給父母爭光，也別讓他們爲你感到難堪；而僅僅讓父母吃飽穿暖，那是最低層次的孝，也是最起碼的要求。

4 孝要發於心

子曰：「色難。有事弟子服其勞，有酒食，先生饌。曾是以爲孝乎？」意思是說，不給父母好臉色看。有事時，年輕人效勞服務；有酒飯，讓年長的先吃；這難道就是孝嗎？孔子認爲「色難」是一種不孝的行爲。

南懷瑾說：「態度很重要。我們下班回到家，感到累得要命，而爸爸躺在床上，吩咐我們倒杯茶給他喝。做兒女的茶是倒了，但端過去時，沉著臉，把茶杯重重的一擱，用冷硬的語調說：『喝吧！』在兒女這樣態度下，父母的心裡，比死都難過。所以孝道第一個要敬，這是屬於內心的；第二個則是外形的色難，態度的。」

宋代大文豪黃庭堅是個大孝子，自小侍奉父母極真誠而且無微不至。黃庭堅的母親有潔癖，受不了馬桶有異味，所以他每天親自倒馬桶，並清洗母親所使用的馬桶，數十年如一日。

後來他當了大官，家裡有了很多的僕役，已成為當朝顯貴的他原本不用再親自為母親清洗馬桶，但他卻認為孝順父母是為人子女應該親自做的事，不可以假託他人之手，盡心侍親和當不當官是沒有什麼不同的。所以，他依舊每天侍奉母親至誠至孝，沒有一絲懈怠。

當母親病危的時候，黃庭堅更是衣不解帶，日夜侍奉在病榻前，親自嘗試湯藥，沒有一刻未盡到人子的孝道。

蘇軾曾經讚揚他「孝友之行，追配古人」。意思是說他孝順父母，友愛兄弟的情操，就是比起古時的先賢亦不遑多讓。

與黃庭堅一樣侍奉長輩至誠至孝的還有石建，石建是西漢人，官至郎中令，位列九卿之一，這在當時應該算是了不起的大官了。但是他依舊親自洗滌老父的衣褲。因爲他怕家裡的僕役不用心，洗不乾淨，父親穿著不舒服。可他又怕被父親得知心中不安，所以每次都背地行事。他每隔五天回家休沐，就偷偷地讓僕役取出老父近身所穿衣褲，親自清洗乾淨，然後再悄悄交還給僕從。

當然，以現代社會的生活水準，我們不用給父母洗馬桶了，衣服也不用我們來洗，很多父母甚至都不需要兒女來養活。但這並不代表我們沒有什麼可以爲父母做的了。

人常說：人越老越孤獨。我們應當在物質條件豐富的同時，多多關注他們的精神世界。瞭解他們的想法，許多老人要的不是多麼優越的物質享受，他們真正想要的是來自兒女的精神上的關心和慰藉。只要自己的孩子能在閒暇時放下工作，開開心心地陪自己說會兒話，他們就很知足了。

春秋時期，楚國有位隱士名叫老萊子。老萊子自幼便十分孝順，在他七十歲時，雙親還健在。

有一次，雙親看見兒子日漸老去，便嘆氣說：「連兒子都這麼老了，我們在世的日子也不長了。」

老萊子見狀，便想了一個辦法，他特別做了一套五彩斑斕的衣服，把自己打扮成孩童模樣，蹦蹦跳跳的到了父母面前，一邊嘻嘻哈哈大笑，一邊做出孩童嬉戲的動作。雙親看到兒子滑稽的動作，一時忘記了煩惱。

一天，他為父母取漿上堂，不小心跌了一跤。他害怕父母傷心，故意裝者嬰兒啼哭的聲音，並在地上打滾。父母還真的以為老萊子是故意跌倒打滾的，樂得哈哈大笑！

從此，老萊子在父母前絕不提老字，而且還常常扮成孩童模樣，使雙親有個快樂的晚年。

曾國藩就曾教育子弟說：「養親以歡心爲本。」而所謂歡心，實際上就是一種最大的孝順。許多人把孝順父母當成是一種負擔，像對待籠中鳥一樣，給以食水，「色難」在所難免。

心中孝至誠，才能考慮到更多的細節，做出實實在在的孝行。比如，經常打電話問候父母，而不是父母打電話問候的時候，匆忙掛斷電話；當父母上了點年紀的時候儘量和他們住在一起，「家有一老如有一寶」。父母在，不遠遊，爲父母養老送終，不讓空巢老人的悲哀上演，而不是非用法律強迫回家探望雙親。

實實在在的孝心，不會在母親節、父親節、重陽節去刻意增加聯繫，因爲平時已做的比較多了。有人生前對父母「色難」，雙親去世時大操大辦喪事，辦給誰看？不如讓「孝」發於心，還樸歸真，走近你我。膝下有子就該承歡天倫之樂，樂居每一天每一刻，人人都該爲「孝子」。

5 一味順從父母不算孝

子曰：「事父母幾諫，見志不從，又敬不違，勞而不怨。」意思是說，侍奉父母，如果他們有不對的地方，要委婉地勸說他們。自己的意見表達了，父母心裡不願聽從，還是要對他們恭恭敬敬，替他們操勞而不怨恨。

南懷瑾先生說：「宋儒以後論道學，便有『天下無不是之父母』的名訓出現。因此『五四運動』要打倒孔家店時，這些也成爲罪狀的重點。其實孔子思想並不是這樣的，天下也有不是的父母，父母不一定完全對，作爲一個孝子，對於父母不對的地方，就要盡力的勸阻。」

一天，曾參在鋤草時，誤傷了稻苗，他的父親曾晳就拿著棍子打他。曾參沒有逃走，站著挨打，結果被打得昏了過去，過一會兒才悠悠蘇醒過來。

曾參剛醒過來就問父親：「您受傷了沒有？」魯國人都讚揚曾參是個孝子。

孔子知道了這件事以後告訴守門的弟子說：「曾參來，不要讓他進門！」

曾參自以為沒有做錯什麼事，就讓別人問孔子是什麼原因。

孔子說：「你難道沒有聽說過舜的事嗎？舜小的時候，父親用小棒打他，他就站著不動；父親用大棒打他，他就逃走。父親要找他幹活時，他總在父親身邊；父親想殺他時，無論如何也找不到他。現在曾參在父親盛怒的時候，也不逃走，任父親用大棒打，倘若真的死了，那不是陷父親於不義麼？哪有比這更不孝的呢？你難道不是天子的子民嗎？殺了天子子民的人，他又會怎麼樣呢？」

《孟子》說：「不孝有三，無後爲大。舜不告而娶，爲無後也。」這段話原來的意思是說，不孝的表現有很多種，但以不盡到做後輩的本分爲大不孝。舜在娶妻的時候沒有稟告健在的父母，是沒有盡到做後輩的責任本分。但是被後世儒家斷章取義曲解爲：不孝順的事情有三件，其中又以沒有子孫後代最爲重要。

東漢經學家趙岐所著的《十三經注》中這樣解釋這句話：「於禮有不孝者三者，謂阿意曲從，陷親不義，一不孝也；家貧親老，不爲祿仕，二不孝也；不娶無子，絕先祖祀，三不孝也。」他認爲第一不孝，是「阿意曲從，陷親不義」，是對父母無條件地屈從，容忍他們做不義之事。

南懷瑾說：「作爲一個孝子，對於父母不對的地方，就要盡力的勸阻。『見志不從』就是說父母不聽勸導的話，那麼就『又敬不違，勞而不怨』。因爲你是我父母，你要犯法，我也沒有辦法，但是我要告訴你，這是不對的；你是我的父母，我明知道跟去了這條命可能送掉，因爲我是你的兒子，只好爲你送命，不過我還是要告訴你，這樣是不對的。

這種孝道的精神，就是說父母有不對的地方，要溫和地勸導，即使反抗也要有個限度。應該把道理明白地告訴他，可是自己是父母所生的，所養育的，必要時只好爲父母犧牲，就是這個原則。」

古時有個叫趙恬的人，他家裡很窮，每餐都以米湯野菜為食。

有一天他的父親實在是嘴饞，很想吃肉，於是就偷了鄰居家的一隻雞。

他發現之後，就勸父親把雞還給鄰居，但是他父親沒有答應，還是把那隻雞給宰了吃了。

後來鄰居發現少了一隻雞就來問他，他怕鄰居告發父親讓父親坐牢，就包庇了他的父親。可是最後還是被官府給查到了。

官府派了衙差來索拿他的父親，這時候，趙恬走出來說那隻雞是他偷來給父親吃的。於是，衙差放了他的父親，把他帶到了公堂上。

沒有想到，這個知縣非常聰明，一下就識破了真相，在瞭解事實的經過後，知縣被他的孝心所感動，不但沒有處罰他，反而又賞了他一隻雞，讓他回去侍奉老父。

古代齊國有一個人乘船渡江，其父不幸落水，那人將父親救起後，將他父親頭腳顛倒放置，使水能從口中流出，從而救了他父親的一條命。如果機械地理解孝道，那麼把父親的頭腳顛倒而置，是很不孝的行爲。但正是這種所謂不孝的行爲救了他父親的一條命。反之，如一味爲了所謂孝行而拱手而立，那麼其父就會命喪於水。

孔子說：「可與適道，未可與權。所謂時宜施者也。」即行孝必須符合道，而且要符合時宜。從上述例子來看，當時搶救父親的性命，才是最重要的。行孝必須要符合道。看一個人的行爲孝與不孝，應當看事情的本質，而不能光從表面或形式上看問題。符合道的孝，才是真正的孝行。

第十一課

靠自己的人最堅強

1 自求多福，自助者天助

《論語・述而》有言：「子疾病，子路請禱。子曰：有諸？子路對曰：有之。誄曰『禱爾於上下神祇。』子曰：丘之禱久矣！」意思是說，孔子生了疾病，於是子路向鬼神祈禱。

孔子說：「這麼做可以嗎？」

子路說：「可以啊，《誄》文上都說了：『爲你向天地神靈祈禱。』」

孔子說：「可是我很久以前就在祈禱了。」

南懷瑾說：「普通的人到了危難的時候，就去求神、拜佛、向上帝禱告。所謂：『垂老投僧，臨時抱佛。』這就是說人平日裡自以爲很偉大，但一遇到大困難，或極度危險時，就感覺到自己非常渺小無助，完全喪失自信心——大叫『天呀！神呀！你要救我呀！』倘使這時仍能保持一分自信心，就需要高度的修養。」

一位老人在一家餐館想找點東西吃，他坐在空無一物的餐桌旁，等著有人來讓他點菜。但是沒有人來，他等了很久，直到他看到有一個女人端著滿滿的一盤食物過來坐在他的對面。

老人問女人怎麼沒有侍者，女人告訴他這是一家自助餐館。果然，老人看見有許多食物陳列在檯子上排成長長的一行。

「從一頭開始挨個挑你喜歡吃的菜，等你挑完到另一頭，他們會告訴你該付多少錢。」女人告訴他。

老人說，從此他知道了一個做事的法則：「在這裡，人生就是一頓自助餐。只要你願意付費，你想要什麼都可以，你可以獲得成功。但如果你只是一味地等著別人把它拿給你，你將永遠也成功不了。你必須站起身來，自己去拿。」

俗話說，靠別人的火取不了暖，看人家吃飯填不飽肚子。自助也是如此。離開了自助，即自己的不懈奮鬥和努力，終將一事無成。

一個人在屋簷下躲雨。

看見一個菩薩打傘經過，這人說：「菩薩，普度一下眾生吧！帶我一段如何？」

菩薩說：「我在雨裡，你在簷下，而簷下無雨，你不需要我度。」

這人立刻跳出簷下，站在雨中：「現在我也在雨中了，該度我了吧？」

菩薩說：「我也在雨中，你也在雨中。我沒有被雨淋，是因為有傘；你被雨淋，是因為無傘。所以不是我度自己，而是傘度我。所以你不必找我，請自找傘！」說完便走了。

我們一生下來，就擁有或優或劣的起步環境。客觀地說，這是沒辦法的事。但有一點需要謹記，即不論境況如何艱苦，地位如何低下，生存如何困難，也不能放棄，不可喪失生活信念。生活越困難越需要自助、努力和不辭勞苦的奮鬥。「自助」就是不放棄努力；「天」就是機遇和成功的好運。只有自助，天才可助之；人不自助，天將棄之。

2 天行健，君子以自強不息

《易經》有云：「天行健，君子以自強不息。」

南懷瑾解釋說：「天體永遠在動，天體假如有一秒鐘不動，不需要用原子彈，整個宇宙都要毀滅掉了。正如老子所說的意思一樣，做人要效法宇宙的精神，自強不息。一切靠自己的努力，要自強，依靠別人沒有用，一切要自己不斷努力，假使有一秒鐘不求進步，就已經是落後了。」

南懷瑾進一步解釋說：「人生也是這樣，要不斷求進步。靜是緩慢的動態，沒有真正絕對的靜。譬如人坐在椅上好像很靜，其實並不靜，身上的血液正在分秒不停地循環，各個器官也都各司其職地工作著。『天行健』是永遠強健地運行。『君子以自強不息』是教我們效法宇宙，即如孔子所說『逝者如斯』，要效法水不斷前進，也就是《大學》這部書中說的『茍日新，日日新，又日新』的道理。人的思想、觀念，都要不斷的進步。滿足於今日的成就，即是落伍。」

明初嘉興人士袁黃，少有才名。

有一次，他在慈雲寺遇見一位孔姓長者，據傳是宋代邵雍的門人，精於「皇及數」。

袁黃便請他回家，先拿出家人的八字請他算，果然靈驗如神，又以自己的八字請他詳批終身。

孔先生一點也不含糊，算定袁黃明年縣考童生得第十四名，府考第七十一名，提學考第九名。又算定某年考取稟生，某年會當貢生。而且算定他不能登科第，只可做三年小官，五十三歲八月十四日丑時壽終正寢，且無子孫。

第二年，袁黃參加科舉，果然應驗，名次絲毫不差。

從此，袁黃便深信人生禍福，都是命中註定的，絲毫不可勉強。從此不做任何妄想，一切任由命運安排。後來，他在南京棲霞山中，偶遇雲谷禪師，兩人在禪房對坐三天三夜，連眼睛都沒有閉。

雲谷禪師問：「凡人所以不得作聖者，只為妄念相纏耳。你靜坐三天，我不曾見你起一個妄念，這是什麼緣故呢？」

袁黃說：「我已經被孔先生算定，榮辱生死，皆有定數，即要妄想，亦無可妄想。」

雲谷禪師笑道：「我以為你是豪傑，原來只是凡夫。」

袁黃問何故？禪師說：「命由我作，福由己求。」

袁黃這才恍然大悟，自此之後勤奮苦學，多行善事。終於考中進士，任河北寶坻知縣。後又調任兵部職方主事，援朝抗倭，名垂青史。後來得子，並於六十九歲時寫下著名的《了凡四訓》，終壽七十有三。

《簡愛》的作者白朗特曾意味深長地說：「人活著就是爲了含辛茹苦。」說起來，一個人克服一點困難也許並不難，而能夠持之以恆地做下去，直到最後成功，卻不是人人都可以做到的。

阿里巴巴創辦者馬雲曾經考試數次失利；考大學更是考了三年才考上；想念哈佛大學也沒有成功。但他有堅持不懈，勇往直前的精神，俗話說：「寶劍鋒從磨礪出，梅花香自苦寒來。」他通過自已的努力，成就了一番讓世人嘆服的事業。

凡爾納的第一部科幻小說《氣球上的星期五》，接連被十五家出版社退稿。如果在痛苦與氣憤之後，他將稿子付之一炬，錯過機遇，一生就不會有一百多部科幻小說。就因爲他又堅持了一次，走進了第十六家出版社，把握住機遇，才有了以後卓越的成就。

一代梟雄曹操，在赤壁之戰中，一陣東風一場大火將他號稱百萬的大軍幾乎燒了個片甲不留，而曹操卻在倉皇逃命時談笑自如：「勝敗乃兵家常事，待我回去，重整軍馬，他日再戰必勝。」

明末清初的顧炎武有詩云：「蒼龍日暮還行雨，老樹春深更著花。」他認爲「有一日未死之身，則有一日未聞之道」。

同時代的王夫之，於垂暮之年疾病臥床，猶克服各種無法想像的困難，勤奮著書。

《姜齋公行述》裡說他：「迄於暮年，體羸多病，腕不勝硯，指不勝筆，猶時置楮墨於臥榻之旁，力疾而篡注。」

自強不息並非一時所爲，而是應該堅持一生的品格。無論是年老年幼，富貴貧賤，都需要自強不息。

3命不好，要「改」命

子曰：「不知命，無以為君子也。」意思是，不懂得命運，就沒有辦法成為君子。有人把孔子的「知命」理解為「知道自己命運」，也就是相信「命中註定」一說，從而自暴自棄，結果可想而知。其實，孔子的「知命」是讓世人知曉事物運行的普通規律，順應自然的發展規律，而不是逆勢而為。懂得了事物發展規律，即使自己祖輩沒有留下萬貫家財，也可以通過自己的努力，完成原始積累，再一展壯志，這就是「改」命。

南懷瑾說：「很多人喜歡去算命，也常常將『命運的安排、命中註定、我的命不好』等話掛在嘴邊。而不知道命運是自己造成的。『同台吃飯，各自修行』，改造命運只能自己改，別人幫不上忙。父母只能教你吃飯、走路的方法；飯要自己吃，路要自己走。老是想不勞而獲，等別人來解救的思想要不得。」

古時，有個商人在沙漠裡突遇大風暴。自己的馬匹和貨物都被風沙捲走了，跟隨自己的夥計也都沒見活著回來，只有他死裡逃生。他因此欠了一大筆債務，無力償還。

債主隔三差五來討錢，他感嘆命運的不公，覺得自己的命運不好。商人很迷信，於是請獨眼「半仙」來「改命」。

獨眼「半仙」閱人無數，一看來人衣著，氣色，氣勢，便能猜出大致來意。這位三十五歲左右的男人，眉頭緊鎖，不是家庭出了問題，就是事業出了問題。幾句旁敲側擊，心裡已然明瞭。

獨眼「半仙」說，你的問題三兩銀子就可去除。商人大喜，付完錢。獨眼「半仙」寫了一個字「活」，交給商人，不再說話。

獨眼「半仙」說：「天機不可預洩。」

商人的父親知道兒子最近不如意，就讓其到自己的瓜田裡幫著摘瓜，明早好拿到集市上去賣。

瓜田裡的父親看見兒子到來，便讓旁邊的人舀水洗瓜給兒子吃。

商人臉色頓時陰晴不定，他覺得這個人很像算命先生，將此事告訴了父親。

父親說：「我太瞭解這個『半仙』了，去年每隔幾天他都來我這一回。不是來看我，而是怕人家打他，因為十次有六次給人家算錯，另一部分對的是因為猜對了。他其實是個獸醫，前年醫死人家的牲畜，賠不起，年齡又大了，只得靠信口胡謅勉強過日子。」

商人叫來「半仙」，他不好意思地說，「我也是沒有辦法，上了年紀，又沒積蓄。不過最近日子略好了些，不再經常被打，因為每個人來算卦，我都給寫一個字『活』。理解方法有很多種，出了什麼結果，都能解釋，於是皆大歡喜。」

這時商人的父親說：「知道『半仙』了吧。其實，年景雖有不同，但結果都大同小異。有幾年金黃花開得相當茂盛，然而，一場洪水卻讓這一切都泡湯了。人和老天爺打交道，少不了要吃些苦頭或受氣，但是，只要你能咬緊牙，挺一挺也就過去了。因為，最後瓜果收穫時，仍然全部都是我們的。」

商人大悟。

古語有云：「命由己造，相由心生，福禍無門，惟人自召。」人生就是這樣，命運是你自己創造和把握的。因而古今中外許多成大業者，用其一生的努力爭取把自己的命運掌握在自己的手中。面對苦難，他們不是悲天憫人去祈求上帝，而是積極進取，搏得雲開見月明。

不同的人會有不同的成就，不同的人生終點。這不是由上天決定的，也不是由別人決定的。一個人若想改變自己的命運，首先要改變自己的心態。很多事情是先天註定的，也許你無法改變，但你有權選擇決定如何去面對。努力向上，滴水足以穿石，命運也可以改變。蛹生於繭，困於縛，但牠能築繭爲窠，破繭成蝶；蓮生於淤泥，卻能聚泥成櫛成就了自己「冰清玉潔，馨香逸遠」的品格。

一個人的命運是把握在自己手中的，美好的生活來自於自身的努力。有的時候，上天給你的東西也許並不多，也許比起別人來，有很大的差距。但是只要堅持不懈的努力，照樣也可以幹出一番事業來。

經濟學上有一個著名的「希爾頓鋼板價值說」。大意是：一塊普通的鋼板價值五美元，如果把這塊鋼板製成馬蹄掌，它就價值十點五美元；如果做成鋼針，就價值三千五百多美元；如果把它做成手錶的指標，價值就可以攀升到廿五萬美元。

對於多數人來說，人生的起點猶如一塊普通的「鋼板」，只值五美元。然而，只要經過一次又一次敲擊、打磨就能成為馬蹄鐵，鋼針，甚至是手錶指標，從而將自己的人生價值提高千百倍。

4 知其不可為而為之

南懷瑾說：「孔子的聖人胸懷，對於社會國家，是『明知其不可爲而爲之』。雖然知道挽救不了，可是他硬要挽救；明知道這個人救不起來，但我盡我的心力去救他，這是孔子之聖。」

孔子帶著他的弟子們，走遍東周列國，只為重建文王武王的禮法。乘簡陋的車輿，行萬里的路，辛苦可想而知。師徒們常常走散，行程麻煩而坎坷。各國諸侯、貴族們對孔子的宣講，多數表現出為非難與奚落。儘管如此，孔子還是努力的宣傳自己的政治主張。

有一個接輿人說：「現在政治無藥可救，何不過隱居生活呢？當明君出現時，再出去為其服務也不遲呀。」

孔子搖搖頭說：「現在天下是亂，但還有挽回的希望，還沒有到不可收拾的地步。可你躲開了，看似你是瀟脫了，實則是自己懦弱。」

孔子四方奔走數十年，並沒有哪個國君能認同並接納他。

有人又勸他說：「現在天下無道，乾脆像長沮、桀溺這兩個人一樣隱居吧！」

孔子說：「正因為天下無道，所以孔子才要參與改革啊！」舉世皆非，而孔子也要憑一己之力去為之。

古代知其不可爲而爲之的名士，不勝枚舉。

明朝時期，于謙面對兵變，群臣爭相南遷，京城防務空虛的危局，毅然把國家的安危視作自己的責任，力排眾議、再立新君、堅守京城。他寫過一首著名的詩，《石灰吟》：「千錘萬鑿出深山，烈火焚燒若等閒。粉骨碎身渾不怕，要留清白在人間。」

張居正身處百病叢生、危機四伏的後嘉靖時代。他雖高居內閣首輔，依然心念天下黎民百姓，決然推出一條鞭法，向利益既得群體開刀，實現徭役均等；又推出考成法，整頓朝綱，提升效能，使得奄奄一息的大明王朝重獲生機，人稱「古今宰相之傑」。

楊漣，寧死不屈。明天啓年間閹黨執政，朝政黑暗，群臣皆爲魏忠賢立生祠，唯東林黨人絕地反擊，楊漣奮筆疾書怒斥魏忠賢二十四條罪狀。他面對「土囊壓身，鐵釘貫耳」的詔獄酷刑，寫下「不求家財萬貫，不求出將入相，不求青史留名，唯以天下、以國家、以百姓爲任，甘受屈辱，甘受折磨，視死如歸，有慨然雄渾之氣，萬刃加身不改之志」的《絕筆》，成就「千年之下，終究不朽」的忠烈。

當其不可爲而爲之，不可爲的是事，可爲的是義和膽。當其可爲而不爲時，可爲是事，不可爲的是義和膽，兩者相比，高下立見。

林沖和妻子一起到廟裡燒香，中途妻子被人調戲了。作為八十萬禁軍教頭，光天化日之下妻子被人家調戲，這簡直是奇恥大辱，林沖非常氣憤地去找那個人。當看到那人是高衙內時，自己先手軟了。

林沖敢怒不敢言，白白地讓高衙內走掉了。而魯智深就不買帳，他有一段話說得響噹噹，跟林沖形成鮮明的對比。

魯智說：「你卻怕他本官太尉，洒家怕他甚鳥！俺若撞見那撮鳥時，且教他吃洒家三百禪杖了去。」

調戲了林沖的妻子後，高衙內並沒有就此罷手。先是收買了陸謙，讓陸謙把林沖的妻子騙到他家的樓上，妄圖加以污辱。還好林沖聞訊趕到，救了妻子，他知道妻子不曾被汙，也不追究。

高衙內設下圈套誘林沖誤入白虎堂，以罪名把他發配滄州，活生生地將他逼得家破妻離。

林沖臨走之前寫了一封休書，對丈人說：「配去滄州，生死存亡未保。娘子在家，小人心去不穩，誠恐高衙內威逼這頭親事。……明白立紙休書，任從改嫁，並無爭執。」

發配滄州時，押送林沖的人拿了高太尉錢財，想方設法要在途中就要把林沖害死。起初只是用開水燙傷了林沖的腳，見林沖無一點反抗後，愈發大膽。後來走到野豬林，押送的人假裝要睡覺，將林沖縛在樹上，林沖這時仍沒有反抗。

幸虧魯智深半路跳出來，大鬧野豬林，救下了他。

《論語》中的冉求說：「不是不喜歡老師的學問，是力量不夠啊！」孔子說：「力量不夠半道可以停下來，現在你是自己畫地為牢不向前。」在孔子看來，不管你暫時成不成功，只要去做，就能達到一定的高度。如果你還沒邁開步走就先認為自己過不去，豈不是自甘墮落嗎？

齊白石在三十歲的時候只是一個木匠，李嘉誠在三十歲的時候只是一個小作坊的老闆，馬雲三十歲的時候只是一個英語老師。但他們後來去做了，然後才有了結果。

5人無遠慮，必有近憂

南懷瑾說：「開放以後你看到了平安，但更危險，因爲國家的教育方向、宗旨、目標同個人教育方案都沒有。你們只曉得開放發展，拼命搞建築發財，每個人都活得很高興。但是要注意孟子的這句話，『生於憂患，死於安樂』，這就是中國文化。孟子說，國家、個人、社會能夠克服種種困難，才能使國家民族興盛健康起來；如果大家放鬆了，只向錢看，光搞享受，結果就很可怕。孟子之所以被稱爲聖人，就是看懂了這句話。」

南懷瑾進一步解釋說：「個人也好，一個社會也好，一個團體也好，一個國家也好，是『生於憂患，而死於安樂』啊。所以，孟子叫你有『憂患意識』，一個人要活著，想創業成功，在痛苦中會成長。得意了，就死亡了。」

闖王李自成，原名李鴻基，明末農民起義領袖。崇禎二年起義，先為高迎祥部下的闖將，後於襄陽稱王；一六四四年一月建立大順政權，年號永昌；同年攻克北京，推翻明王朝。

闖王攻入北京，以為天下已定，大功告成。那些農民出身的將領，把起義時打天下的叱吒風雲的氣魄喪失殆盡，只圖在北京城中享受安樂。李自成想早日稱帝、牛金星想當太平宰相，各軍的將領想忙著營造府邸。

沒想到，吳三桂「衝冠一怒為紅顏」，竟然引清兵入關，山海關外一場大戰，起義軍被滿清和吳三桂的聯軍大敗，自此一敗塗地。

把一隻青蛙扔進滾燙的油鍋裡，青蛙會一躍而出。然而，把同一隻青蛙放在逐漸加熱的水鍋裡，牠因爲感到舒服愜意，卻忘記逃生。以致於等牠意識到大難臨頭時已經無能爲力了，最後只能葬身鍋底。

三國時期，蜀國後主劉禪，因爲有父親劉備留下的諸葛亮、趙雲等眾多賢臣勇將的輔佐，終日不理政事，只知貪圖享樂，最後終於使得蜀漢被曹魏所滅，做了個樂不思蜀的亡國之君。劉禪何以亡國？就是因爲沒有憂患觀念，所以在賢臣勇將紛紛離世之後，便再也無力支撐蜀漢的偌大基業。

唐莊宗稱帝後，認為父仇已報，中原已定，不再進取，開始享樂。

他自幼喜歡看戲、演戲，即位後，常常面塗粉墨，穿上戲裝，登臺表演，不理朝政；並自取藝名為「李天下」。

有一次上臺演戲，他連喊兩聲「李天下」！

一個伶人上去扇了他一個耳光，周圍人都嚇出了一身冷汗。

後唐莊宗問為什麼打他，伶人阿諛地說：「『李』（理）天下的只有皇帝一人，你叫了兩聲，還有一人是誰呢？」

唐莊宗聽了不僅沒有責罰，反而予以賞賜。

伶人受到皇帝寵幸，可以自由出入宮中和皇帝打打鬧鬧，侮辱戲弄朝臣，群臣敢怒而不敢言。有的朝官和藩鎮為了求他們在皇帝面前美言幾句，還爭著送禮巴結。唐莊宗用伶人做耳目，去刺探群臣的言行，置身經百戰的將士於不顧，而去封身無寸功的伶人當刺史。

此外，唐莊宗還下令召集在各地的原唐宮太監，把他們作為心腹，擔任宮中各執事和諸鎮的監軍。將領們受到宦官的監視、侮辱，讀書人也斷了仕途之路。同時，唐莊宗又派伶人、宦官搶民女入宮。

有一次，竟搶了駐守魏州將士們的妻女一千多人，搞得眾叛親離，怨聲四起。後來，伶人郭從謙趁軍隊都調到城外之機發動兵變，帶著叛亂的士兵亂殺亂砍，火燒興教門，趁火勢殺入宮內，在混亂中射死了帶領侍衛抵抗的唐莊宗。

有一隻野豬對著樹幹不停地磨牠的獠牙，一隻狐狸見了就問：「現在既沒有豺狼，也沒有老虎，爲什麼不躺下來休息呢？」

野豬回答說：「如果我現在不把牙齒磨鋒利，等到豺狼和老虎出現，我還有鋒利的牙齒和牠們搏鬥嗎？」

子曰：「人無遠慮，必有近憂。」一個人若是沒有一點憂患意識，那遲早都會被這個社會所淘汰。艱苦的生活環境能夠鍛煉人們堅強的意志，激勵人們不斷進取；安樂的生活條件容易腐蝕人，沉湎其中會走向頹廢乃至滅亡。

「生於憂患，死於安樂」古來使然。生與死，憂與樂，兩者相互依存，密不可分，又依一定的條件而轉化。艱苦、憂患可以使人自強不息；安逸享受容易叫人頹廢喪志，從而走向各自的反面。

6 起調可平凡，目標要高遠

子曰：「易其至矣乎？夫易，聖人所以崇德而廣業也。知崇禮卑，崇效天，卑法地。天地設位，而易行乎其中矣。成性存存，道義之門。」意思是說，《易經》的學問，是世界上一切學問的頂點，聖人用它來提高自己的德性，擴大自己的業績。目標認識要高瞻遠矚，行動要踏實，從平凡處起步。認知高遠的應效法天，行爲執禮卑順的應效法地。天地將高低的卦位列出，而易的陰陽變化之道就流行在天地之間了。

南懷瑾認爲，起點低並沒什麼，但目標一定要高遠。從最平凡處起步，也會有一定的成就。古語說：「望乎其中，得乎其下；望乎其上，得乎其中。」就是說，做一件事，如果你期望達到中等水準，結果可能拿個下等。但是如果把目標定位在上等水準，就有可能取得中等水準。那爲什麼不把目標定得更高遠呢？如果你能把目標定的高遠一些，全力以赴即使到最後仍然實現不了，但你最終所能實現的目標或者最終所能到達的高度卻很可能是其他人望塵莫及的。

「飛人」喬丹說：「ＮＢＡ有不少有天分的球員，我也可算是其中之一，可是令我跟其他球員截然不同的原因是，你絕不可能在ＮＢＡ裡再找到像我這麼拼命的人。我只要第一，不要第二。」

也許有人會感到不解，喬丹爲什麼會這麼拼命？到底他拼命不懈的動力源於何處？激勵喬丹拼命的不懈動力源於他在籃球場上的一次挫敗，巨大的挫敗感使喬丹決心不斷地向更高的目標挑戰。他總是給自己制定在常人看來難以企及的目標，但就是在這些偉大目標的推動下，「飛人」喬丹一步步成爲全州、全美國乃至於ＮＢＡ職業籃球史上最偉大的球員之一，改寫了籃球比賽的紀錄。

古時，有一位少林高手，隨師父學習十年，終有小成。

一日，其它門派的搏擊高手來挑戰他。他自以為穩操勝券，出乎意料的是，在最後的決賽中，他遇到了一個實力相當的對手，雙方竭盡全力對搏，仍不分勝負。當打拼到了中途，他意識到，自己竟然找不到對方招式中的任何破綻，而對方的攻擊，卻往往能夠突破自己防守中的漏洞。

挑戰的結果，可想而知，他慘敗在對方手下。

他憤憤不平地找到自己的師父，一招一式地將對方和他搏擊的過程，再次演示給師父看，並請求師父幫他找出對方招式中的破綻。他想根據這些破綻苦練出足以攻克對方的新招，並在下次挑戰時可以打倒對方。

師父笑而不語，在地上畫了一條線，要他在不能擦掉這條線的情況下，設法讓這條線變短。他百思不得其解，怎麼能讓那條已經定格的線變短呢？他思來想去，最後也沒有什麼好辦法，不得不再次向師父請教。

沒想到，師父卻在原先那道線的旁邊，又畫了一道更長的線。兩者相比，原來那條線，看起來確實顯得短了許多。

師父開口道：「戰勝對手的關鍵，不僅在於攻擊對方的弱點。正如地上的長短線，讓自己變得長，相比之下，對方就會處於弱勢。目標只是戰勝這個人，不可能會有多大成就的。」

有限的目標會造成有限的人生，所以在設定目標時，要儘量伸展自己，也就是把自己的夢想提升，不應該使夢想退縮在一個不恰當的位置。

美國前財務顧問協會的總裁沃克曾接受一位記者採訪，記者問道：「到底是什麼因素使人無法成功？」

沃克回答：「低劣廉價的目標。」

記者要求沃克進一步解釋，他說：「我在幾分鐘前就問你，你的目標是什麼？你說希望可以擁有一棟山上的小屋，這就是一個低劣廉價的目標。問題就在於你的目標不夠高遠，因而成功的機會也就不大。」

他進一步說：「如果你真的希望在山上買一間小屋，你必須先設定一個更高遠的目標，成就一番事業，賺到足夠的錢，那時對山上的小屋，你就不是仰視它，而是在俯瞰它了，因爲你已經比它更高了。」

第十二課

腳踏實地是一種品格

1 最快的路，就是一步一個腳印

南懷瑾說：「從最平凡處起步。能如此，你的人生一定會有成就的。不然僅有高遠的理想，不曉得從最平凡、最踏實的第一步開始，永遠停留在幻想中，是不會有任何成就的。」成功是沒有電梯的，需要你一步一步走上去。

南嶽衡山，福嚴寺掩映在茂林修竹、古藤老樹之中。

懷讓禪師在寺前看到一個人正踏著夕陽餘暉而來。

「施主為何而來？」懷讓問道。

「弟子特來投拜大師。」那人說道。

「不，公非出家守燈之人。」懷讓禪師對著來人說道。

那人長嘆不止。原來他叫李泌，才高八斗，是唐肅宗李亨身邊的重臣。可當時宦官李輔國弄權嫉才。他為逃避災禍，就想到衡山隱居。

懷讓終於心動，留他居住，並和他成為好朋友。

數年後，肅宗駕崩，李輔國暴死，新皇帝唐代宗派人來到衡山，召李泌出山回京。

七十高齡的懷讓率弟子為李泌送行。在寺院門口，李泌忽然發現一棵枯死多年的老樹冒出了新芽，便問：「這樹死了多年，怎麼又發芽了呢？是因為尊師為寺住持，率眾植松杉十萬株，感動了天地，讓枯木逢春吧！」

懷讓說：「非也。只是我每天為它澆水，它才慢慢活起來的。」

李泌聞言，感慨良多。

枯樹發芽，緣為生命之水。山河大地，鳥獸花草也有禪心體驗啊！

李泌於是大悟，提筆寫了三個大字，便匆匆赴任。

那三個大字為「極高明」，後來被鐫刻在寺前的石崖上，字體道勁樸實，啟迪後人。

其實，人與人之間的差別是很小的。只要腳踏實地地付出，總會有收穫。

春秋時期，老子根據事物的發展規律提出謹小慎微和慎終如始的主張。他主張：處理問題要在它未發生以前；治理國家要在未亂之前。要知道合抱的大樹是細小的幼苗長成的，九層的高臺是一筐一筐泥土砌成的，千里遠的行程是從腳下開始的。

2 欲速則不達

子夏爲莒父宰，問政。子曰：「無欲速，無見小利；欲速則不達，見小利則大事不成。」南懷瑾在《論語別裁》中解釋說：「子夏在莒父做地方首長，他向孔子問政。孔子告訴他說『不要求快，不要貪求小利。求快反而達不到目的，貪求小利就做不成大事。』這就是前面提到的，要有遠大的眼光，百年大計。做一個地方首長，不要急功好利，不要想很快的就拿成果來表現，也不要爲一些小利益花費太多心力，要顧全到整體大局。」

爲政與做事在這方面思想是相通的，急功近利，最終也會勞而無功。

古代有個叫養由基的人精於射箭，有百步穿楊的本領。據說連動物都知曉他的本領。

一次，兩隻猴子抱著柱子，爬上爬下，玩得很開心。

楚王張弓搭箭要去射牠們，猴子毫不慌張，還對人做鬼臉，仍舊蹦跳自如。

這時，養由基走過來，接過了楚王的弓箭，於是，猴子便哭叫著抱在一塊，害怕地發起抖來。

有一個人很仰慕養由基的射術，決心要拜養由基為師。經過幾次三番的請求，養由基終於同意了。

收他為徒後，養由基交給他一根很細的針，要他放在離眼睛幾尺遠的地方，整天盯著針看。

看了兩三天後，這個學生有點疑惑，問老師說：「我是來學射箭的，老師為什麼要我幹這莫名其妙的事，什麼時候教我學射術呀？」

養由基說：「這就是在學射術，你繼續看吧。」

這個學生開始表現還好，可過了幾天，他便有些煩了。他心想，「我是來學射術的，看針眼能看出什麼來呢？這個老師不會是敷衍我吧？」

養由基教他練臂力的辦法，讓他一天到晚在掌上平端一塊石頭，伸直手臂。這樣做很苦，那個徒弟又想不通了，他想，「我只學他的射術，他讓我端這石頭做什麼？」於是很不服氣，不願再練。養由基看他不行，就由他去了。

後來這個人又跟別的老師學藝，最終沒有學到射術，空走了很多地方。

小說《射雕英雄傳》中有一門武功，叫九陰真經，有人說厲害，有人說邪門。梅超風練了，怖如鬼，性情也變得兇殘；郭靖練了，功夫驚人，扶危救人。前者太心急，不顧根基，借砒霜毒助長；郭靖則按師長所授，循序漸進。

十年樹木，必經風雨洗禮，何況百年樹人乎？

有一天，佛陀在印度佛教聖地之一的舍衛國，給比丘們開示：

「農夫耕種有三種需要隨著時節來進行的工作，哪三種呢？就是耕田、溉灌及播種。農夫在耕田、溉灌及播種後，並不會希望『我今日或明天、後天就要讓它成長，就要讓它結果，就要讓它成熟。』雖然農夫不會這麼想，但是種子已然入土，自然會隨著時節因緣長大成熟，並且結果。」

佛陀又接著說，「其實，比丘們也有三種需要隨時修習的善學，即善戒學、善意學、善慧學；但修習後，並不會認為『今天或是明天、後天，我就沒有煩惱，心得解脫。』但因為心裡種下了戒學、意學、慧學，待時節因緣成熟，自然就能不起煩惱，心得解脫。」

佛經裡有一則故事：有一隻毛毛蟲，夢想有一天自已能夠長成最大、最漂亮的蝴蝶，所以牠拼命吃東西。等到化蛹成蝶時，翅膀卻無法承載牠超重的身體，最後掉在地上摔死了。所以你要有一個合理的目標，有一個合理的夢想，然後把事情一點一點積累起來，最怕你著急，一著急以後，基礎不牢固，就想做高樓。結果可想而知。

3 不要急躁，學會耐心等待

南懷瑾說：「『故君子慎隱揉。』什麼叫『隱揉』呢？就是慢慢地、漸漸地。所以說，要學會做一個君子，便要謹慎小心，致力學問修養，一天一天慢慢地琢磨成器。如同木工做車輪一樣，慢慢地雕鑿，平常看不出效果，等到東西做成功了，效果就出來了，到這時候才看出成績。人生的學問道德修養，不是一下做得好的。」

馮道當宰相時，有一位才子在他手裡考取了。考取之後他來見老師，馮道穿戴很整齊地出來見這位學生。

馮道坐在那裡，簡單地問了一下，兩人之間就沒有什麼話談了。

這位學生只好沒話談找話，他剛才低頭跪下行禮時，看到老師腳上穿的鞋子同自己剛剛買的新鞋子一樣，就問：「老師，你這雙皮鞋多少錢買來的？」

馮道說：「五百。」

學生一聽立馬說道，「我上當了！我買的是一千元。現在商人好沒有信用，真可惡。」

馮道把另一隻腿抬上來，慢條斯理地說：「這一隻也五百。」

馮道最後說：「天下事，不要那麼急，問話問清楚，做事也弄清楚。」

與其因急躁而讓自己看不到全域，不如沉下心來琢石成器。

賈伯斯憑著蘋果手機的暢銷，實現了自己「改變世界」的夢想。但這樣一位影響全球的天才，也有近十一年的不斷琢石成器的過程。在這段人生中，他經歷了三次重大的琢石成器的過程，給賈伯斯帶來了極大影響。

一九八五年，賈伯斯因決策失誤而被董事會趕出自己創立的公司，接著因開發NEXT電腦沒有銷量而被人嘲笑，後來又因他對皮克斯公司產業定位不準而成為市場的笑料。

有人嘲笑賈伯斯：你已經過氣了。賈伯斯沉住氣，不去反駁一句，經過多年的奮鬥，用自己的理念終於使得皮克斯的電腦動畫大獲成功，最終以豐厚的資產與超人的智慧，重新回歸蘋果公司，這讓全球IT界都為之驚呼。隨後引領蘋果實現了「改變世界」的夢想。

是金子總會發光並不假，不過金塊不經打磨而急著面世，所發的光是有限的。精雕細琢的金子，變成了藝術品後，才更有生命力。

《孟子》裡寫道：「舜發於畎畝之中，傳說舉於版築之間，膠鬲舉於魚鹽之中，管夷吾舉於士，孫叔敖舉於海，百里奚舉於市。」

這幾位後來功成名就的人物在年輕的時候，甚至在中老年的時候都還默默無聞，都在做著「卑賤」的活。但是他們沒有一個人跑出來大嚷地說，「我很有才華，我能治國」等話，在長久的歲月裡誰也不知道自己能否建功立業，脫離這種悲苦的生活，他們唯一做的就是等待。

做大事，要有大格局。還沒備好乾貨就急急忙忙地去享受世人的愛戴，江郎才盡的日子指日可待。與其如此，不如踏實下來，備好乾貨，再面世人。

4 每件事都有一個結點

曾子曰：「如切如磋者，道學也。」

南懷瑾解釋說：「爲求道的努力，像雕刻一塊美玉一樣，先要切好粗坯，再來雕琢成形。再加仔細自修，這裡要琢一下，那邊還要磨光一點。『如琢如磨者，自修也。』『瑟兮僩兮者，恂慄也。』要精工細作，所以隨時害怕自己半途而廢，會功敗垂成。總算修整完工，擺在那裡一看，真是好威風、好莊嚴的一塊瑰寶！」

孔子也說：「苗而不秀者有矣夫！秀而不實者有矣夫！」意思是說，莊稼出苗而不吐穗開花是有的吧！吐穗開花而不結果實也是有的吧！苗而不秀、秀而不實都是半途而廢。

古時候有個叫樂羊子的人，他告別妻子到外地求學，但學習的艱辛，求學的清苦，使他感到很乏味。他在書塾呆了三年後終於決定棄學返鄉。

當樂羊子進門時，妻子露出驚喜而略帶詫異的臉，當她看到樂羊子那沉甸甸的行裝時，臉上的笑容消失了，她似乎猜到什麼。

妻子沒說什麼，只是拿出一把剪刀，走到織布機邊，「喀嚓」一聲，便將織布機上織著的一匹布剪斷了。

樂羊子大叫起來，說：「真是太可惜了！這是一塊圖案精美的花布，只差一點就要完工了。現在剪斷了它，便成了一塊廢布。」

妻子說，「求學五年可成，你三年而歸，如同這塊毫無用處的廢布一樣。」

樂羊子感到非常羞愧，不想自己成為一個無用之人。想到此，樂羊子便打起行裝，決心回到書塾去完成學業。

東晉著名將領祖逖是一個做事有始有終的人，正是如此，成就了他的功業。

祖逖小的時候也很貪玩，但是當他意識到自己知識缺乏的時候，他就發奮讀書，任何事情都動搖不了他的決心。

在他廿四歲的時候，曾有人推薦他去做官，但是他認為自己的書讀得還不夠，因此沒有答應。

後來，祖逖和幼時的好友劉琨一同擔任司州主簿。兩人有著同樣遠大的理想，都想建功立業，復興晉國，成為國家的棟樑之才。

一次，半夜裡祖逖在睡夢中聽到公雞的鳴叫聲，他把劉琨叫醒後，對他說：「別人都認為半夜聽見雞叫不吉利，我偏不這樣想，咱們乾脆以後聽見雞叫就起床練劍如何？」劉琨欣然同意。

於是他們每天雞叫後就起床練劍，劍光飛舞，劍聲鏗鏘。春去冬來，寒來暑往，從不間斷。功夫不負有心人，經過長期的刻苦學習和訓練，他們終於成為能文能武的全才，既能寫得一手好文章，又能帶兵打勝仗。祖逖被封為鎮西將軍，實現了他報效國家的願望；劉琨做了都督，兼管並、冀、幽三州的軍事，也充分發揮了他的文才武略。

做事就要在「零」和「一」中間做選擇，如果虎頭蛇尾，註定是「零」。很多人開始的時候總是雄心壯志，宏圖遠大，可是隨著時間的推移，慢慢的就沒有了動力，沒有了毅力，沒有了決心，到最後草草了事。

古人云：「行百里者半九十」。一百里的路程，走到九十裡也只能算是才開始一半而已。越往後走，越要始終如一，保持好節奏，才能走完全程。

5見其所見，不見其所不見

南懷瑾說：「『見其所見』，就是說看要看的東西，看那個重點，該看到地方已經看到了；『不見其所不見』，旁邊那些根本沒有看。像我幾天前告訴一個同學一樣，交代你一件事情去做，那就像老虎、獅子出籠一樣，老虎吃人以前，旁邊那些刀槍啊弓箭啊，看都不看，撲到目標前面就是了，這樣才能做成事情。」

南懷瑾對成爲偉大人物的原因做了分析，他說：「大英雄他看著這個目標，就像獅子抓人使出全力，抓一隻老鼠也使出這個力量，牠不會輕視任何弱小的動物，也不願意重視一個大動物，在牠看來都是平等的，所以牠爲百獸之王。」

荀子有言：「蚓無爪牙之利，筋骨之強，上食埃土，下飲黃泉，用心一也。」因爲專注，所以才有所成。清代文學家蒲松齡在路邊搭建茅草涼亭，記錄過路行人所講的故事，經過幾十年如一日地辛勤搜集，加上自己廢寢忘食的創作，終於完成了中國古代文學史上劃時代的輝煌巨著。俗話說：「精誠所至金石爲開」，只要我們做事態度專注，能投入足夠的時間和精力，一切難題都能迎刃而解。要做好一件事，要全身心地投入、堅持下去，直到取得成果。

佛祖釋迦牟尼有個弟子叫般特，他生性遲鈍，佛祖讓五百位羅漢天天輪流教他學問，可是他仍然一點也不開竅。

佛祖於是把他叫到面前，逐字逐句的教他一首詩偈：「守口攝意身莫犯，如是行者得度世。」

佛祖說：「你不要以為這首偈子很平常，你只要認認真真地學會這首偈子，就相當不容易了啊！」

於是，般特翻來覆去的就學這首偈子，有一天終於體悟出了其中的禪理。

有一次，佛祖派般特去給附近的僧尼講經說法。

那些僧尼早就對般特的愚笨有所耳聞，所以心裡都很不服氣，私下說：「這樣愚鈍的人也會講經說法嗎？」但是表面上仍然很有禮貌的接待般特。

般特慚愧而謙虛的對僧尼們說：「我生來愚鈍，在佛祖身邊只學到一個偈子，現在講給大家聽聽。」

接著，般特就念那首偈子：「守口攝意身莫犯，如是行者得度世。」

他剛念完，僧尼們就開始哄笑起來，私下說：「竟然只會一首啟蒙偈子，我們早就倒背如流了啊，還用你來講什麼？」

但般特不動聲色，仍然從容的往下講。他說得頭頭是道，而且講出了很多新意，從一首看似普通的偈子道出了無限深邃的禪理。

這時，僧尼們聽得如癡如醉，連連讚嘆起來：「一首啟蒙偈子，居然能夠理解到這麼深的程度，實在是高人一等啊！」於是大家對他肅然起敬。

南懷瑾說：「高明有智慧的人，『見其所見，不見其所不見』。他所看到的是該看的重點，至於其他的小活，小事，聽都不聽，理都不理，目標是什麼，自己就把前途搞清楚。你今天上十一樓，管它是七樓八樓，我的目的是到十一樓，中途一概都不理。」

視其所視，而遺其所不視，看要看的東西，看重點，看應該看的，其他的任何東西、人、事物都不看。普通人是很難做到的，他們是「見其不見，不見其所見」，不應該看的地方他拼命去看，而且越是普通人，越是看那些不應該看到的地方、毫不相干的地方，非常重要的地方他卻忘記了，結果可想而知。

6 少說空話多做事

子貢問君子，子曰：「先行其言，而後從之。」

南懷瑾解釋說：「孔子說，把實際的行動擺在言論的前面，不要光吹牛而不做。先做，用不著你說，做完了，大家都會跟從你，順從你。古今中外，人類的心理都是一樣的，多半愛吹牛，很少見諸於事實；理想非常的高，要在行動上做出來就很難。所以，孔子說，真正的君子，是要少說空話，多做實在的事情。」

莊子家已經貧窮到揭不開鍋的地步了，無奈之下，只好硬著頭皮到監理河道的官吏家去借糧。

監河侯見莊子登門求助，爽快地答應借糧。他說：「可以，待我收到租稅後，馬上借你三百兩銀子。」

莊子聽罷轉喜為怒，臉都氣得變了色。他忿然地對監河侯說：「我昨天趕路到府上來時，半路突聽呼救聲。環顧四周不見人影，再觀察周圍，原來是在乾涸的車轍裡躺著一條鯽魚。」

莊子嘆了口氣接著說：「牠見到我，像遇見救星般向我求救。據稱，這條鯽魚原住東海，不幸淪落車轍裡，無力自拔，眼看快要乾死了。請求路人給點水，救救性命。」

監河侯聽了莊周的話後，問他是否給了水救助鯽魚。

莊子白了監河侯一眼，冷冷地說：「我說可以，等我到南方，勸說吳王和越王，請他們把西江的水引到你這兒來，把你接回東海老家去罷！」

監河侯聽傻了眼，對莊子的救助方法感到十分荒唐：「那怎麼行呢？」

莊子說：「是哇，鯽魚聽了我的主意，當即氣得睜大了眼，說眼下斷了水，沒有安身之處，只需幾桶水就能解困，你說的所謂引水全是空話大話，不等把水引來，我早就成了魚市上的乾魚啦！」

《伊索寓言》中，有條藏在泥土裡的蚯蚓，爬到地面上來，對全體動物說：「我是醫生，精通醫藥，像眾神的醫生派厄翁那樣高明。」

狐狸聽了對蚯蚓說：「你給別人治病，怎麼不治一治你自己的腳呢？」

自己的問題都解決不了，何談解決別人同樣的問題。

有人說起話來口若懸河、滔滔不絕，說盡了大話、空話、套話，可一旦較起真來，就黔驢技窮、原形畢露了。言過其實、誇誇其談的人，多半成事不足、敗事有餘。

三國時期的馬謖，曾在蜀中為劉備主管過綿竹、成都兩地。

劉備臨終前曾囑咐諸葛亮，說：「馬謖言過其實，不可大用，君其察之！」

諸葛亮不以為然，任馬謖為參軍。

在街亭之戰中重用了馬謖，結果馬謖拒諫失街亭，導致全線被動，北伐失利。諸葛亮在用人問題上犯了一個大錯誤，只好揮淚斬馬謖。

與其空話連篇，不如見諸於事實。

齊白石是中國近代畫壇的一代宗師，齊老先生不僅擅長書畫，還對篆刻有極高的造詣，但他也並非天生具備這門藝術，而是經過了非常刻苦的磨練和不懈的努力，才把篆刻藝術練到出神入化的境界。

年輕時候的齊白石就特別喜愛篆刻，但他總是對自己的篆刻技術不滿意。

他向一位老篆刻藝人虛心求教，老篆刻家對他說：「你去挑一擔礎石回家，要刻了磨，磨了刻，等到這一擔石頭都變成了泥漿，那時你的印就刻好了」。

於是，齊白石就按照老篆刻師的意思去做。他挑了一擔礎石來，拿古代篆刻藝術品來對照琢磨，刻了磨平，磨平了再刻。手上不知起了多少個血泡，但他不顧，仍然堅持不懈地刻個不停。

日復一日，年復一年，一擔礎石終於統統都被「化石為泥」了。這堅硬的礎石不僅磨礪了齊白石的意志，而且他的篆刻藝術也在磨煉中不斷長進，達到了爐火純青的境界。

子曰：「古者言之不出，恥躬之不逮也。」意思是說：「古代人從不輕易開口說話，因爲他們以自己無法做到爲可恥。」

又曰：「君子恥其言而過其行。」（《論語・憲問》）意思是說：「君子以說得多、做得少爲恥辱。」

戰國時期，趙國名將趙奢有一個兒子叫趙括。從小熟讀兵法，談起用兵之法頭頭是道，爭論起來連趙奢也難不住他。趙奢認爲兒子只是紙上談兵，根本不能帶兵打仗。臨終前，趙奢留下遺言，千萬不能讓趙括爲將。趙王不聽大臣勸阻，以趙括爲將。結果被秦將白起一舉擊敗，四十多萬趙軍投降，而趙括本人也被亂箭射死。趙國從此一蹶不振，而紙上談兵的趙括，則成了千百年來被談論的笑柄。

與其說空話，不如認真多做些小事，小事做多了，自然成就大事。

7 由實際出發，做好定位

老子的《道德經》有言：「企者不立，跨者不行。」

南懷瑾在《老子他說》中解釋說：「『跨者不行』是說跨開大步在走路，只是暫時偶然的動作，卻不能永久如此。如果你要故意跨大自己的步伐去行遠路，那是自取顛沛之道。不信，且試跨大步走一二十里路看看。大步走，跨大步是走不遠的。因此，老子用這兩個人生行動的現象來說明有些人的好高騖遠，便是自犯最大的錯誤。『企者』，就是好高，『跨者』，就是騖遠。如果把最淺近的、基礎的都沒有做好，偏要向高遠的方面去求，不是自找苦吃，就是甘願自毀。」

幾個人在岸邊垂釣，旁邊幾名遊客在欣賞海景。

只見一名垂釣者竿子一揚，釣上了一條大魚，足有三尺長，落在岸上後，仍騰跳不止。可是釣者卻解下魚嘴內的釣鉤，順手將魚丟進海裡。

周圍圍觀的人響起一陣驚呼，這麼大的魚還不能令他滿意，可見垂釣者雄心之大。

就在眾人屏息以待之際，釣者魚竿又是一揚，這次釣上的是一條兩尺長的魚，釣者仍是不看一眼，順手扔進海裡。

第三次，釣者的釣竿再次揚起，只見釣線末端鉤著一條不到一尺長的小魚。圍觀眾人以為這條魚也肯定會被放回，不料釣者卻將魚解下，小心地放回自己的魚簍中。

遊客百思不得其解，就問釣者為何捨大而取小。

想不到釣者的回答是：「喔，因為我家裡最大的盤子只不過一尺長，太大的魚釣回去，盤子也裝不下啊。」

買東西之前，要清楚自己口袋裡有多少錢，或者信用卡上還能透支多少，避免付款的時候摸不出錢的尷尬；同樣，一個人做事前也要先掂掂自己有幾斤幾兩，弄清自己究竟有多大能耐，多大本事，以免因自不量力或者選錯方向而碰個頭破血流。做事要量體裁衣，自己感到難以做到的事，要敢於放棄。試想一下，如果硬撐著答應，將來誤了事，那才不好收場。否則，在能力之外的事情勉強地答應，那麼將來丟臉的肯定是自己。

每個人都有自己的能力極限，我們並不是萬事皆能的全才，覆水難收，話一出口就沒有挽回的餘地，後果就需要自己去承擔。一旦失利，失去的不僅是做成這件事的機會，還有他人對你的信任。試想一下，一個只會說不會做的人，誰會喜歡？因此，當遇到他人的請求時，不要把話說得太滿，要給自己一個迴旋的餘地。

許多人爲了出風頭，爲了爭面子，爲了贏得別人的羨慕，不惜無限誇大自己的能力，以致自討苦吃，得不償失。沒有本事，就不要去逞能；沒有精力，就不要去應付；沒有金剛鑽，就別攬瓷器活。做事的時候，最好先對自己的能力做一個正確的評估，如果有把握再放手去做。

第十三課

學習是隨時隨地的必要選擇

1 處處留心皆學問

南懷瑾說：「有的人畢業於名牌大學，不一定有學問；有的人從未進過學校的門，不一定沒有學問。這並不是說讀書沒有用，而是說光讀書還遠遠不夠。因爲很多做人的經驗、辦事的技巧不是課本上能夠學到的。只會讀書，僅獲得了人生需要的百分之三十左右的學問，而不讀書的人，如果他在做人做事的過程中留心學習，也能學到人生需要的百分之七十左右的學問。很多博士的成就不及一些讀書不多的農民，原因即在於此。」

曹雪芹在《紅樓夢》中說：「世事洞明皆學問，人情練達即文章。」林黛玉進賈府時通過她的「步步留心，時時在意」，把她寄人籬下的察言觀色體現得淋漓盡致。要想世事洞明就必須處處留心。

晉朝人賈思勰寫就了我國歷史上第一本有關農業科學的著作——《齊民要術》。他一直很重視農業，有一年，賈思勰養了好幾百隻羊，冬天到了，由於沒有儲存好足夠的糧食，羊都餓死了，賈思勰非常傷心。

第二年他又養了大批羊，同時種了許多大豆。秋天，大豆豐收了，賈思勰早早地把大豆收割起來，把羊圈堆得滿滿的，可是這一年羊又死了很多，而且還是餓死的。賈思勰到羊圈裡仔細查看，發現羊根本不愛吃堆在羊圈裡的飼料。

他很不理解，長在田地裡的大豆和青草，羊兒都很愛吃，怎麼堆到羊圈裡的飼料羊兒寧願餓死也不肯吃了呢？

他去拜訪了一個養羊能手，得知原來羊兒愛吃新鮮乾淨的飼料，把大批飼料堆在羊圈裡，羊踩來踩去，在上面又拉屎又撒尿，飼料很快就變髒變爛了，羊就再也不願吃了。於是他就把飼料圍起來，羊終於安然過冬了。他把這些經驗都寫進了《齊民要術》裡。

他為了寫好《齊民要術》常常親自到農田裡觀察，也不管蚊蟲叮咬，高大的莊稼葉子剮得身上一道一道的血痕。有一次賈思勰在觀察農田時，發現瓜苗出土率極低，他仔細分析，得出因為幼苗很脆弱，頂土力弱，所以出苗很困難。

他自己開了一片試驗田，在裡邊同時撒上豆種和瓜種，大豆苗壯，頂土力強，而瓜苗有豆苗起土，出土自然也容易了。賈思勰解決了一個長期困擾農民的問題。

只要有心，人生處處皆是學問。老子說：人法地，地法天，天法道，道法自然。其實天地之間的一切都是有跡可循的，這一切的規律都是學問。

海邊捕魚的人，都知道什麼時候潮起，什麼時候潮落。有人觀察格外細心，發現潮起潮落和月亮的圓缺，竟然有意想不到的「巧合」。經過不斷探索，人們發現了一個秘密，原來「潮汐」竟然與天上的月亮有關。

美國麻省理工學院機械工程系的系主任謝皮羅教授洗完澡後，拔掉浴缸的塞子，發現水流形成一個逆時針的漩渦。他就想：為什麼會形成漩渦？為什麼是逆時針的漩渦？於是他聯想到地球自轉，地球不停地自西向東自轉，使北半球的漩渦形成逆時針，赤道地區肯定沒有漩渦，而南半球則會形成順時針方向的漩渦。進而又想到颱風的風向也會如此。他的文章發表後，引起了各國科學家的注意，經過多方科學論證，證實了他的推想。

魯班接受了一項建築一座巨大宮殿的任務。這座宮殿需要很多木料，由於當時還沒有鋸子，大家都只好用斧頭砍伐，但這樣做效率自然非常低，遠遠不能滿足工程的需要。為此，他決定親自上山察看砍伐樹木的情況。

上山的時候，由於不小心，他無意中抓了一把茅草，一下子將手劃破了。魯班很奇怪，一根小草為什麼這樣鋒利？於是他摘下一片葉子細心觀察，發現葉子兩邊長著許多小細齒，用手輕輕一摸，這些小細齒非常鋒利。他明白了，他的手就是被這些小細齒劃破的。

後來，魯班又看到一條大蝗蟲在啃葉子，兩顆大板牙非常鋒利，一開一合就吃下一大片。他發現蝗蟲的兩顆牙齒上同樣排列著許多小細齒，蝗蟲正是靠這些小細齒來咬斷草葉的。

這兩件事給魯班留下了極其深刻的印象，也使他受到很大啟發，陷入了深深的思考。他想，如果把砍伐木頭的工具做成鋸齒狀，不是同樣會很鋒利嗎？於是他們立即下山，讓鐵匠們幫助製作帶有小鋸齒的鐵片，然後到山上繼續實驗。

魯班和徒弟各拉一端，在一棵樹上拉了起來，只見他倆一來一往，不一會兒就把樹鋸斷了，又快又省力。鋸子就這樣被魯班發明了。

宋朝有位大學問家說起做學問有一句名言：「博而觀取約，厚積而薄發。」他這說的「博觀」，絕不僅僅是博覽群書，而也指要對常生活現象多留心、多觀察、多思考，這樣廣見博聞，就能日積月累，增長自己的學問。

人生處處皆學問，要想做出一番事業，要想實現自己的人生目標，必不可少的就要積累自己的知識，只要我們留心各種各樣的事情，做個生活中的有心人，就不難打好成功的基礎。

2 不怕不懂，就怕裝懂

子曰：「知之爲知之，不知爲不知，是知也。」

南懷瑾解釋說：「一個人要平實，尤其是當領導人的要注意，懂得就是懂得，不懂就是不懂，這就是最高的智慧。換句話說，不懂的事，不要硬充自己懂，否則就真是愚蠢。」

南懷瑾舉例說：「我們看歷史上偉大的成功人物，遇事常說：『我不懂，所以要請教你，由你負責去辦，大原則告訴我就行了。』說這話的人就成功了。如果硬充懂就不行，結果一無所成。歷史上，古今中外莫不如此。政治的道理也一樣，懂就懂，不懂的就是『對不起，我不懂。』這是最高的智慧，也是最高的禮貌。

「所以我常對出國的學生們說，有一個最高的原則，也是走遍天下的國際禮貌，那便是你走到任何國家說：『對不起，我是中國來的，對這件事我不懂，請問應該怎麼辦？』萬萬不要認爲這樣說是丟人，這是最大的禮貌，不會吃虧，尤其做國民外交更用得著，最怕冒充懂，就會失禮。」

有一回，孔子帶著學生遊學。

一日孔子正在車裡向學生們傳授學問，突然聽到外面傳來嘩啦啦的響聲，於是對駕車的學生說：「山那邊下雨了，快停車。」

有個學生仔細聽了之後對孔子說：「老師，那是海浪拍打岩石的聲音。」

孔子從未見過海，很是好奇，於是就帶著學生們一起去觀海。

正在孔子驚嘆於海的壯闊時，一個小漁民擔著一桶水從山腰上走來，正好孔子口渴，就向漁夫討了一碗水喝。

孔子喝過水後，大加讚嘆說：「海水真好喝，甘甜清涼。」

那漁夫笑著說：「海水又鹹又苦，怎麼能喝呢？這不是海水，真是個書呆子，什麼都不懂。」

旁邊的一個弟子生氣地說：「你可知這是誰嗎？竟敢如此無禮，這是大名鼎鼎的孔夫子。」

漁夫答道：「孔夫子也不見得樣樣都會。剛才他明明就錯了。再說，孔夫子會種地嗎，會蓋房嗎，會打魚嗎？」

旁邊的孔子聽了之後，感到很慚愧說：「我以前講有些人生下來就懂得一些事情是不對的，我們應該知錯就改，不能不懂裝懂。」

其實，我們每個人都不可能對任何事情精通于心，必然有很多需要彌補和學習的地方。而不懂裝懂就好像是給不足之處蓋上了一塊遮羞布，施了個障眼法，暫時擋住了別人的視線，讓自己能夠苟延殘喘。殊不知，等到真相大白的那一天，不懂裝懂的人終究是要爲自己的無知付出代價的。

蜀軍出兵討伐魏國，魏國大將被諸葛亮使計氣死。司馬懿繼任，統帥大軍向祁連山逼近。諸葛亮預先派人布好八卦陣等著司馬懿。司馬懿眼見陣法玄妙，自己不懂，但是在眾目睽睽之下，他又不願意承認自己不如諸葛亮，於是硬著頭皮讓張虎、戴陵前去破陣，結果兩人被俘，司馬懿大敗而歸。

一個人讀不盡天下的書，參不盡天下的理。正如古人所說：「寧可懵懂而聰明，不可聰明而懵懂。」

> 蘇軾有一天去拜訪當朝的宰相王安石，正巧王在會客，僕從把蘇軾引入書房稍候。
>
> 在書案上，蘇軾發現有一首未寫完的詩，墨蹟未乾，只有兩句：「秋風昨夜過園林，吹落黃花遍地金。」
>
> 滿腹經綸的蘇軾看到此處，連連感嘆：「當年此公下筆萬言，皆錦繡文章；如今不但文思阻滯，且大謬不然，縱然有別的花落瓣，哪有菊花落瓣的呢？這豈不成為笑柄？」於是，提筆續寫道：「秋花不似春花落，說與詩人仔細吟。」
>
> 就是因為這兩句詩，王安石覺得蘇軾少見多怪，缺乏歷練，故貶他到黃州去

任團練使（縣武裝部長）。

蘇軾一邊怪自己闖了禍，一邊罵王安石小心眼，只好到黃州上任。在黃州，蘇軾還真看到一種菊花，盛開時節，滿地落英。原來天下真有落瓣的菊花。

蘇軾仰天長嘆：「菊花誤我！」

蘇軾心中含愧，便想向王安石賠罪。想起臨出京時，王安石曾託他取三峽中峽之水用來沖陽羨茶，他便準備回京時途經三峽取水。

不想蘇軾因連日鞍馬勞頓，竟睡著了，等到醒來，已是下峽，他著急萬分。可是當地老人道：「三峽相連，並無阻隔。一般樣水，難分好歹。」於是便裝了一罈下峽水。

回京後蘇軾去見王安石，送上三峽水並說明自己改詩的罪過，王安石原諒了蘇軾以前沒見過菊花落瓣。蘇軾獻上三峽水，王安石取水煮了陽羨茶。

茶泡好後，王安石喝了一口，問道：「水是從哪裡取的？」

蘇軾說：「中峽啊。」

王安石笑道：「又來欺瞞我了，這明明是下峽之水，怎麼冒充中峽的呢？」

蘇軾大驚。

王安石語重心長地說道：「讀書人不可道聽塗說，定要細心察理，我若不是到過黃州，親見菊花落瓣，怎敢在詩中亂道？三峽水性之說，出於《水經補注》，上峽水太急，下峽水太緩，唯中峽緩急相半，如果用來沖陽羨茶，則上峽味濃，下峽味淡，中峽濃淡相宜，今見茶色半天才現，所以知道是下峽的水。」

不懂就不懂，爲何要裝懂呢？細思之，但凡帶此陋習者一般原因有二：一是肚中本來沒有多少知識，一旦被人問住，想回答「不知道」，但是又怕自己丟人，所以只好不懂裝懂，信口胡謅，敷衍了事，從而得以脫身；二是自己的能耐不大，但是卻耐不住寂寞，於是就開始在人前人後「打腫臉充胖子」，擺出一副博古通今的架勢，張嘴就是「張飛打岳飛，打得滿天飛」，專門嚇唬那些學識淺薄的人，從而藉以揚名。

不懂裝懂其實就是自欺欺人，更是一個人在求知過程中對待缺點和不足的一種遮掩。漢代鴻儒董仲舒曾寫道：「君子不隱其短，不知則問，不能則學。」所謂「不隱其短」就是要敢於承認自己的不足，敢於解剖自己。「不知則問」就是讓自己少幾分羞澀與虛僞，多幾分坦誠與謙虛。「不能則學」就是要學習自己原來不明白的東西，彌補缺陷，不斷充實自己，成爲一個有真才實學的人。

3 逆水行舟用力撐，一篙鬆勁退千尋

子曰：「學如不及，猶恐失之。」意思是說，學習就好像追趕什麼，總怕趕不上，趕上了又怕被甩掉。真正爲學問而學問，永遠覺得自己還不充實。

曾國藩常說：「學如逆水行舟，不進則退。」

南懷瑾說：「求學要隨時感覺到不充實。即使有這樣努力的精神，還怕原有的學問修養會退失。如果沒有這樣的覺悟，懂了一點就心滿意足，結果就是退步。有時我們看到許多中年朋友，學問事業有成了，往往自認爲什麼都對了。事實上如不再加努力，就要落伍被淘汰了。思想也好，學識也好，一切都要被時代所淘汰。假如有所成就，而始終好學不倦，這才叫學問，才不會被淘汰。」

古代有個叫江淹的人。少孤貧好學，沉靜少交遊。

江淹少年時是一位很有名氣的才子，寫得一手好文章，詩詞歌賦也頗有造詣，可是到了中年之後，反而漸漸地流於平俗，不僅詩文的數量大減，而且也不如以往的出彩了。時人謂之才盡，於是便有「江郎才盡」一說。

事實上，江淹之所以才思減退，是因為官運的高峰造就了他創作上的低潮。中年以後，江淹官運亨通，官位越來越高，政事也就越來越繁忙，再也抽不出多少時間讀書和寫文章了，久而久之，再想寫的時候，也已經找不到靈感了。

知識長時間地擱置也會隨著時間地推移而逐漸淡忘，若是不回頭溫習，再不吸收新的知識，只怕僅有的一點知識也會蕩然無存。因此，在我國的歷史上有很多著名的大文豪，老年之後的文章或者是詩詞反而沒有年輕時候好就是這個道理。

求學是個積累的過程，沒有人可以不下苦工就擁有大學問，王安石在《傷仲永》中講述了一個神童最終變成普通人的故事。

仲永天資聰慧，五歲即能指物作詩，且文理皆有可觀者，一時之間他的名氣傳遍鄉里。人人都感到很詫異，因此很多人拿錢請仲永作詩。仲永的父親見有利可圖，就拉著仲永四處作詩，耽誤了學習。結果幾年以後，這個神童就變得和普通人一樣。

葛洪說：「學之廣在於不倦，不倦在於固志。」人的生命是有限的，而求學問是無限的。一個人有了一定的學問，又能夠認識到自己的學識、能力還不夠，還不斷學習，不斷進步，養成了這種習慣，學問將越積越多。學問積累得越多，就越有智慧，志向就越來越大，成就也越來越讓人刮目相看。

左思是西晉太康年間著名的學者，他曾寫過一部《三都賦》在京城洛陽廣為流傳，人們嘖嘖稱讚，競相傳抄，竟使得洛陽紙貴。不少人都到外地買紙，抄寫這篇千古名賦。

不過左思少年時並不是非常聰明，他貌不驚人，說話結巴，倒顯出一副癡癡呆呆的樣子。他的父親左雍還曾對他的朋友說：「左思雖然成年了，可是他掌握的知識和道理，還不如我小時候呢！」

左思不甘心受到這種鄙視，開始發憤學習。當他讀過東漢班固寫的《兩都賦》和張衡寫的《兩京賦》，雖然很佩服文中的宏大氣魄，華麗的文辭，寫出了東京洛陽和西京長安的京城氣派，可是他也看出了其中虛而不實、大而無當的弊病。從此，他決心依據事實和歷史的發展，寫一篇《三都賦》，把三國時魏都鄴城、蜀都成都、吳都南京寫入賦中。

他在臥室、廳堂、門前、廁所等，凡是平常出入的地方都放著書籍，以便時刻的學習，還在旁邊放上紙筆，只要一想到有好的句子，便寫下來。如此，過了十年，功夫不負有心人，終於讓他寫出了傳世華章《三都賦》，轟動整個京師，左思也隨之名聲大噪。

古人云：逆水行舟，不進則退。爲什麼不前進就會後退呢，這裡面有一個前提條件，就是「逆水」。那麼，順著流水的方向，不就可以輕鬆的前進了麼?事實並非如此。因爲「順流而下」，只能夠越來越向下，不可能登上遠方的高峰。

董必武有首詩說：「逆水行舟用力撐，一篙鬆勁退千尋。古雲此日足可惜，吾輩更當惜妙陰」。這就告訴我們稍有鬆懈，便後退千尋。

4 學無常師，擇善而從

子貢曰：「文武之道，未墜於地，在人。賢者識其大者，不賢者識其小者，莫不有文武之道焉。夫子焉不學？而亦何常師之有？」

南懷瑾解釋說：「如果問他（孔子）的老師是哪一位，那是沒有的，誰有長處，他就跟誰學，所以無常師。沒有認定跟一個人學。哪一門有所長，他就學哪一門。」

伊尹未發跡前，不過是有莘國君的奴隸，地位十分低賤，誰都不會認為他有學問。但他確實很有學問。可惜有莘國君不識其才，看他燒得一手好飯菜，便讓他當了廚師。伊尹十分注意學習，常借迎來送往、招待賓客之機，從賓客們口中瞭解天下大事。

有一次，商湯王的左相仲虺因公事從有莘國過境，逗留數日。伊尹便借招待他的機會，多次與他接觸。

交談中，仲虺發現伊尹是個難得的人才，回國後，便將伊尹的詳情稟告了商湯，並借商與有莘國結親之機，要求伊尹作為陪嫁奴隸。

這樣，伊尹就來到商湯家中。但商湯認為一個奴隸不可能有多大本領，仍讓他去當廚師。伊尹常乘機接近商湯，利用烹調作比喻向商湯陳說政治見解，先後達七十次，商湯均不為所動。

一天，伊尹故意將幾樣菜蔬或做得淡而無味，或做得鹹不入口，一同獻給商湯。商湯大為不滿，立刻召伊尹前來問話。

伊尹對商湯說：「大王，燒菜既不能過鹹也不能太淡。過鹹則難於下嚥，過淡則無滋味。治理國家也是同樣的道理啊！既不能操之過急，急則生亂；又不能鬆弛懈怠，懈怠必然國事荒疏。」

商湯這才發現伊尹是個傑出人才，當即宣佈解除他的奴隸身分，並任命他為右相，與仲虺一同輔佐朝政，共同籌畫滅夏大計，終於大功告成。

人都有一種傲慢心理，總是會以自我爲師，而不肯向別人學習。這種傲慢的心理會成爲我們求知路上最大的障礙。我們要知道每個人都有自己的長處，每個人都有我們所達不到的地方。如果我們只是能看到別人的缺點而看不到別人的優點，自然不會向別人學習，也不會反省自己的不足。在這種情況下，我們很可能會傲慢自大，不會有進步。

若心懷傲慢，則使得我們遠離真正的高深學問，只能學習到那些淺顯的知識。「擇其善者而從之」就要求我們時刻要謙虛，「見賢而思齊，見不賢而內自省」。

人無完人，即使聖人也難免有犯錯的時候。因此向別人學習時，要注意分辨。子曰：

「擇其善者而從之，其不善者而改之。」

南懷瑾解釋說：「比我好的固然是我的老師，不如自己的也是我的老師。因爲看到他笨、他壞，自己就會反省：不要這樣笨，不要這樣壞。所以他們都是我的老師，足以借鏡反省。」所以，「善者」可分兩方面解釋。第一，「善者」指的是學問比我們強的人，以這些人爲師，可以學到更多的知識，這也就是孔子所講的「見賢而思齊」；第二，世上的人都不是十全十美的，在選擇老師的時候，要學習他身上的長處。這也是「取其精華，棄其糟粕」。

5 學問也有贗品

孟子曰：「盡信書，則不如無書。」書且如此，學問何嘗不是這樣呢？正如真品和贗品一樣，貌相似而神韻相差萬里。

南懷瑾評價贗品時說：「一種似是而非的贗品，最會把人難倒，玉和石，是很容易分辨得出來的。但是遇到一塊很像玉的石頭，那麼珠寶店的專家也感到頭痛了。至於評斷寶劍也是一樣，普通的生鐵所鑄，鋒刃不利的，一望而知。但是樣子很像什麼干將、莫邪的古代名劍，也會令古董商人頭痛。」

春秋戰國時期，齊王正坐在大殿之上讀書。

門外的做車輪的匠人輪扁見到齊王之後問：「大王，您在幹什麼？」

齊王說：「我在讀書。」

「為什麼要讀書呢？」輪扁問。

「因為這裡寫的是聖賢所闡發的道理呀！」還從來沒有人問過這樣的問題，齊王不解地說。

「我覺得讀書沒有什麼用。」輪扁回答。

「為什麼？你要講出道理來。」齊王生氣了。

「我從我學做車輪的經歷中知道，讀書是沒有用的。」輪扁鎮定地說。

「噢，你慢慢講來。」齊王說。

「我的父親就是做車輪的工匠，我從小就跟他學習，而做車輪的技藝並不是通過講授就可以學會的，我一次次的失敗，又一次次地總結教訓，這樣，漸漸地，我終於學會了這門技藝。以此看來，大王您所讀的書，上面所寫的也不過是古人的陳言而已，對於治理現在的國家會有多大的幫助呢？」

聽了輪扁的話，齊王默然無語。

二十四史記錄許多久經考驗的史實，從中看到相應朝代的歷史面貌，在中外史書中享有盛譽，一直以「信史」相稱。然而大量事實證明，並非每句話、每件事情都可以相信。有人評價說：「浮誇冗濫，阿諛奉承者有之；枉屈失實，荒誕不經者有之；瑣細無聊，虛美濫譽者有之；私情恩怨，任意予奪者有之。」

班固《漢書》在二十四史中可謂上乘。然而當代史家陳直指出兩千餘條需要「新證」，包括失實、錯誤。一代文宗歐陽修等撰寫的《新唐書》是「文直事核」的「良史」。但該書完成後，史家吳縝便指出「訛文謬事，歷歷具存」，多達四百六十條。

「盡信書」會頻頻誤事敗事。伯樂兒子拿著《相馬經》到處尋找千里馬，一無所得。

趙括熟背兵書，死搬教條，結果數十萬趙軍被坑殺。

戴震是清代哲學家，也是「乾嘉學派」的代表人物，乾隆年間為《四庫全書》纂修官。他生於貧寒之家，幼讀私塾，以過目不忘和善思好問著稱。

有一次，老師教授《大學章句》，戴震愈聽愈覺得可疑，於是向老師發問：「這話憑什麼知道是孔子的話呢？而曾子記述，又怎麼知道是曾子的意思而是學生記下來的呢？」

老師難以回答這個出乎意料的疑問，於是抬出朱熹這一權威：「這是朱文公說的。」

戴震馬上問：「朱文公是什麼時候的人？」

老師回答他說：「宋朝人。」

戴震追問：「曾子、孔子是什麼時候的人？」

老師回答：「周朝人。」

戴震又問：「周朝和宋朝相隔多少年？」

老師說：「差不多兩千年了。」

戴震問：「既然這樣，朱文公怎麼知道這些的呢？」

老師被問得啞口無言。

僅讀一本書，接近無知；唯讀一家書，過於單調；盡讀一派書，存在危險。這些做法，只能知道一種聲音、一類調子。以此判斷事物，仍擺脫不掉固有的窠臼，易於使思維教條、片面乃至僵化。爲此不如讀諸家書、各派書，甚至包括佚文、野史、筆記等。進而對比、鑒別，以便棄劣選優，克服「盡信書」的毛病。

清代文學家鄭板橋詩云：「讀書破萬卷，胸中無適主。譬如暴富兒，頗爲用錢苦。」在生活中，有很多人執著一念，對書頂禮膜拜，人們將其稱作讀死書、死讀書、讀書死，這樣的人被比作「兩腳書櫥」。

英國哲學家培根在《談讀書》中說：「狡黠者鄙讀書，無知者羨讀書，惟明智之士用讀書。然書並不以用處告人，用書之智不在書中，而在書外，全憑觀察得之。」

有些人做學問時，對現實生活中的風雲變幻視而不見，真是「兩耳不聞窗外事，一心唯讀聖賢書。」其實，做學問要用行動去檢驗，正如陸游所說：「爾要學作詩，工夫在詩外。」

南懷瑾大師的智慧之源

作者：張笑恒
發行人：陳曉林
出版所：風雲時代出版股份有限公司
地址：10576台北市民生東路五段178號7樓之3
電話：(02) 2756-0949
傳真：(02) 2765-3799
執行主編：朱墨菲
美術設計：許惠芳
行銷企劃：林安莉
業務總監：張瑋鳳

初版日期：2018年8月
版權授權：馬峰
ISBN ：978-986-352-609-4
風雲書網：http://www.eastbooks.com.tw
官方部落格：http://eastbooks.pixnet.net/blog
Facebook：http://www.facebook.com/h7560949
E-mail：h7560949@ms15.hinet.net
劃撥帳號：12043291
戶名：風雲時代出版股份有限公司

風雲發行所：33373桃園市龜山區公西村2鄰復興街304巷96號
電話：(03) 318-1378
傳真：(03) 318-1378
法律顧問：永然法律事務所 李永然律師
　　　　　北辰著作權事務所 蕭雄淋律師

行政院新聞局局版台業字第3595號 營利事業統一編號22759935

國家圖書館出版品預行編目資料

南懷瑾大師的智慧之源 / 張笑恒著. — 初版. —
臺北市 : 風雲時代, 2018.07　面 ;　公分
ISBN 978-986-352-609-4(平裝)

1.人生哲學　2.生活指導
191.9　　　107007912